法治中国

本书编写组

人民出版社
学习出版社

责任编辑：陆丽云　詹素娟　茅友生　赵圣涛　江小夏
封面设计：周方亚
版式设计：王欢欢
责任校对：吕　飞

图书在版编目（CIP）数据

法治中国 / 本书编写组 编 . —北京：人民出版社，学习出版社，2017.10
ISBN 978－7－01－018497－5

I.①法… Ⅱ.①法… Ⅲ.①社会主义法制－建设－成就－中国　Ⅳ.① D920.0

中国版本图书馆 CIP 数据核字（2017）第 263318 号

法治中国
FAZHI ZHONGGUO

本书编写组　编

人民出版社
学习出版社 出版发行

（100706　北京市东城区隆福寺街 99 号）

北京中科印刷有限公司印刷　新华书店经销

2017 年 10 月第 1 版　2017 年 10 月北京第 1 次印刷
开本：710 毫米 × 1000 毫米 1/16　印张：8
字数：80 千字

ISBN 978－7－01－018497－5　定价：21.00 元

邮购地址 100706　北京市东城区隆福寺街 99 号
人民东方图书销售中心　电话（010）65250042　65289539

版权所有·侵权必究
凡购买本社图书，如有印制质量问题，我社负责调换。
服务电话：（010）65250042

目 录

第一集　奉法者强 …………… 001

第二集　大智立法 …………… 021

第三集　依法行政 …………… 041

第四集　公正司法（上）…………… 061

第五集　公正司法（下）…………… 083

第六集　全民守法 …………… 105

本书视频索引 …………… 125

第一集

奉法者强

第一集《奉法者强》完整视频

法者，治之端也。

法治，就是用法律的准绳去衡量、规范、引导社会生活。一个现代国家，必须是一个法治国家；国家要走向现代化，必须走向法治化。

翻开中华文明五千多年的厚重历史，既有强汉盛唐的雄风、大国盛世的荣耀，也有外敌铁蹄下的山河破碎、军阀割据中的民不聊生。

中国人民在中国共产党领导下，以震撼世界的姿态大踏步行进民族复兴的步伐。时至今日，全面建成小康社会指日可待，我们比近代以来任何时候都更接近中华民族伟大复兴这一几代人梦寐以求的奋斗目标。

习近平总书记：

人无远虑，必有近忧。全面建成小康社会之后路该怎么走？如何跳出"历史周期率"、实现长期执政？如何实现党和国家长治久安？这些都是需要我们深入思考的重大问题。

这三个深刻、凝重的发问，是中华民族复兴之路上必须作出正确解答的重大考题。

习近平总书记：

全面推进依法治国，是着眼于实现中华民族伟大复兴中国梦、实现党和国家长治久安的长远考虑。

以习近平同志为核心的党中央为这三道重大考题给出了坚定而明晰的答案：全面推进依法治国。

时代大潮中，法治中国的宏伟蓝图已经磅礴展开；神州大地上，全面依法治国的崭新画卷正在激情绘就。

龙年的深秋，古城正定处处洋溢着喜庆热烈的气氛。习近平当选为中共中央总书记、中共中央军委主席的消息传来，正定人民和全国人民一同欢欣鼓舞，心潮澎湃。

11月15日上午，大家怀着激动的心情，守候在电视机前，期待着第一时间听到阔别已久的老书记那熟悉的声音。

习近平总书记：

人民对美好生活的向往，就是我们的奋斗目标。

党的领袖对人民作出了庄严承诺，人民对党中央寄予无限希望。

大国治理，机杼万端。无论是带领一个县、谋划一个省，还是治理一个13亿多人口的大国，在习近平总书记关于治国理政的深邃思考和不懈奋斗中，"法治"始终是令人瞩目的关键词。

正定百姓记得，习近平总书记早在上个世纪80年代主政正定的时候，就开始重视法治在社会治理中的作用。他曾提出，从全国来看，农村法制建设特别要针对封建宗族势力、黑恶势力加以防范，露头就打。

在一份公开的习近平担任正定县委书记时制定的文件中，法制教育就已经被写入其中。

"加强法制宣传教育，搞好综合治理。家庭、学校和社会密切配合，在全县形成一个强有力的宣传教育网。"

"增强人民的法制和道德观念，人人争做遵纪守法的模范。"

在福建宁德担任地委书记时，习近平经常深入到基层，听取群众呼声。让当地干部群众至今印象深刻的是，习近平经常是带着律师"下访"，现场化解矛盾、解决难题，体现了他对运用法治方式解决社会问题的重视。

到福州工作后，习近平同样十分重视法治。《福州晚报》当年的一篇文章，记录了他对福州城市管理工作的一次调研。他明确提出，"城市管理要更加规范化法制化"，"逐步把城管工作纳入规范化、法制化的轨道，不断提高城市管理的水平"。

2007年8月，《之江新语》一书出版，收录了习近平担任浙江省委书记期间在《浙江日报》"之江新语"专栏发表的部分文章。其中有相当篇幅对法治作了深刻论述。

文章深刻指出——

"社会主义民主政治的不断发展和人民政治参与积极性的不断提高，对进一步落实依法治国基本方略提出了新的要求。"

"要牢固树立依法执政、依法行政和依法办事的法治理念。"

"市场经济必然是法治经济。"

"道德是法治的基石。法律只有以道德为支撑，才有广泛的社会基础而成为维系良治的良法。"

在上海工作期间，习近平对法治的重视和推进一以贯之。他提出："不断提高执法水平，充分运用法律手段为发展创造良好、宽松的环境。""推进社会主义民主的制度化、规范化和程序化，保证人民依法行使民主权利。"

中共中央政策研究室常务副主任、中共中央宣传部副部长王晓晖：

高度重视法治、大力推进法治，是习近平总书记治国理政的鲜明特点。在长期治国理政实践中，他深切认识到，法律是治国理政最大、最重要的规矩，推进国家治理体系和治理能力现代化，必须厉行法治。他在浙江工作时就提出，建设"法治浙江"。党的十八大之后，他把依法治国纳入"四个全面"战略布局，强调法治国家、法治政府、法治社会一体建设。习近平总书记法治思想来源于实践，又在实践中不断升华。

党的十八大以来，习近平总书记对全面依法治国作出了一系列重要论述。早在他担任党的十八大报告起草组组长的时候，对依法治国这一重大课题就有深入的调研思考。党的十八大报告鲜明提出，法治是治国理政的基本方式。要推进科学立法、严格执法、公正司法、全民守法，坚持法律面前人人平等，保证有法必依、执法必严、违法必究。

2012年12月4日，履新刚20天的习近平总书记出席首都各界纪念现行宪法公布施行30周年大会并发表重要讲话，向全党全国各族人民发出了全面推进依法治国的动员令。

习近平总书记：

党的十八大强调，依法治国是党领导人民治理国家的基本方略，法治是治国理政的基本方式，要更加注重发挥法治在国家治理和社会管理中的重要作用，全面推进依法治国，加快建设社会主义法治国家。

此后，无论是出席中央会议，还是赴国内外考察访问，在各个场合，法治都是习近平总书记提及的高频词。他将依法治国放在至关重要的地位，为中国梦护航。

在中共中央政治局第四次集体学习时，习近平总书记强调，要提高运用法治思维和法治方式的能力，努力以法治凝聚改革共识、规范发展行为、促进矛盾化解、保障社会和谐。

在省部级主要领导干部学习贯彻十八届三中全会精神全面深化改革专题研讨班开班式上，习近平总书记指出，推进国家治理体系和治理能力现代化，当然要高度重视法治问题，采取有力措施全面推进依法治国，建设社会主义法治国家，建设法治中国。在这点上，我们不会动摇。

习近平总书记：

人类社会发展的事实证明，依法治理是最可靠、最稳定的治理。要善于运用法治思维和法治方式进行治理。

这些关于法治的系列重要论述，映照出习近平总书记对治国理政之道的深刻理解。在他的心中，法治，始终占有极为重要的分量。

中央全面深化改革领导小组办公室常务副主任　穆虹：

党的十八大以来，以习近平同志为核心的党中央通过三中、四中、五中、六中全会，展开形成"四个全面"战略布局，全面依法治国成为治国理政的基本方略。

流之长者，其源也远。

习近平总书记关于依法治国的重要思想，代表了中国共产党人一直以来对法治矢志不渝的追求，也是对中国历史王朝更迭、治乱循环的睿智洞察。

历史总是在回望中意味深长。数千年中华文明演进，历历沧桑，兴衰交替，一再诠释着"法令行则国治，法令弛则国乱"的深刻道理。

近代以来，中国许多仁人志士在追寻法治的道路上进行了艰辛的探索。

清末沈家本主导修律运动，随着清王朝覆灭无疾而终。

民国初年，孙中山领导制定的《中华民国临时约法》，在北洋军阀的连年混战中形同具文。

当广大人民还只是当权者统治的对象，当外国军队可以在中国土地上肆意横行，法治就只能是镜花水月，不可企及。

1949年10月1日，中华人民共和国成立，为社会主义法治奠定了根本的政治基础和社会基础。中国共产党带领人民走上了探索实行社会主义法治的道路。

解说员：

这个展厅珍藏了新中国成立初期颁布的法律文件。在这边我们可以看到新中国成立之初颁布的第一部法律《中华人民共和国婚姻法》，这边是土地改革法。这是1954年中华人民共和国第一部宪法，也称"五四宪法"。

回首新中国法治建设进程，有成功的经验，也有深刻的教训。特别是"文化大革命"十年内乱，使法制遭到严重破坏，付出了沉重的代价。党的十一届三中全会以来，我们党越来越认识到，为了保障人民民主，必须加强法制建设，必须使民主制度化、法律化。

改革开放以来，法治建设逐步驶入快车道，法治对经济社会发展的保障和促进作用日益明显。

习近平总书记：

历史是最好的老师。经验和教训使我们党深刻认识到，法治是治国理政不可或缺的重要手段。法治兴则国家兴，法治衰则国家乱。什么时候重视法治、法治昌明，什么时候就国泰民安；什么时候忽视法治、法治松弛，什么时候就国乱民怨。

当今中国，正处于实现历史性一跃的关键节点。全面建成小康社会进入倒计时，"第一个百年"目标胜利在望，"第二个百年"目标日渐接近。同时，我们面临的国际国内形势复杂多变，面对的改革发展稳定任务之重前所未有。全面深化改革这艘航船，需要法治的护航；中国特色社会主义市场经济这条奔腾不息的河流，需要法治堤坝的保护；改革开放30多年的发展成果，需要法治的守卫。

源头活水，成就大河奔流。站在过去和未来的交会处，肩负全面建成小康社会、实现"两个一百年"奋斗目标和中华民族伟大复兴中国梦的历史重任，以习近平同志为核心的党中央开启了建设法治中国的新征程。

2014年的金秋十月，党的十八届四中全会大幕拉开。

这是中国共产党历史上第一次以法治为议题的中央全会。至此，以习近平同志为核心的党中央关于全面依法治国的重要思想和战略部署全面展现在世人眼前。

2014年10月23日下午3时，《中共中央关于全面推进依法治国若干重大问题的决定》草案，摆放在出席党的十八届四中全会的每一位中央委员、候补中央委员座席前。

这份决定草案，凝聚了全党的智慧，反映了广大人民群众的期盼。习近平总书记亲自担任文件起草组组长，多次主持会议研究。文件起草过程中，进行了深入调研，广泛征求了党内和社会各方面意见，经过了反复修改。

习近平总书记：

现在提请表决，同意的中央委员请举手。

决定获得一致通过。至此，"全面依法治国"被列入"四个全面"战略布局，与全面深化改革、全面从严治党一道，构成实现全面建成小康社会战略目标"一个都不能缺"的战略举措。

中国政法大学终身教授　张晋藩：

把依法治国作为坚持和发展中国特色社会主义的本质要求，

这是我们党总结国际范围内社会主义兴亡的历史教训，同时也是总结我们国家社会主义建设实践所得出的重大结论。这个结论也就是以习近平同志为核心的党中央对于社会主义理论和实践的重大贡献。

这是一份中国共产党和中国人民面向未来建设法治中国的任务书和路线图。

蓝图壮丽，任务繁重，路径清晰。在这份法治中国建设的总体规划之中，关于全面推进依法治国总目标的表述，格外引人注目。

全面推进依法治国，总目标是建设中国特色社会主义法治体系，建设社会主义法治国家。这就是，在中国共产党领导下，坚持中国特色社会主义制度，贯彻中国特色社会主义法治理论，形成完备的法律规范体系、高效的法治实施体系、严密的法治监督体系、有力的法治保障体系，形成完善的党内法规体系，坚持依法治国、依法执政、依法行政共同推进，坚持法治国家、法治政府、法治社会一体建设，实现科学立法、严格执法、公正司法、全民守法，促进国家治理体系和治理能力现代化。

中国人民大学常务副校长　王利明：

总目标的提出，具有多方面的作用。首先就是向国内外释放一个明确而坚定的信号，这就是我们要坚定不移地走中国特色社会主义法治道路。第二点也明确了在法治建设过程中，我们要有一个总揽全局牵引各方的总抓手，这个总抓手就是建设社会主义法治体系。我们所有的法治工作都要围绕着建设社会主义法治体系这样一个总抓手而展开。所以，这个总目标可以说具有纲举目张的作用。

道路问题关系全局、决定成败。

党的十八届四中全会决定有一条贯穿全篇的主线，这就是坚持和拓展中国特色社会主义法治道路。中国特色社会主义法治道路，是建设社会主义法治国家的唯一正确道路，为全面推进依法治国指明了正确方向。

中共中央政法委员会秘书长　汪永清：

一个国家走什么样的法治道路，归根结底是由这个国家的国情决定的。中国特色社会主义法治道路，深深植根于孕育着五千多年文明的中华大地，是历史的选择，人民的选择。这条道路的核心要义是，坚持中国共产党的领导，坚持中国特色社会主义制度，贯彻中国特色社会主义法治理论。实践证明，中国特色社会主义法治道路必将越走越宽广，也必将创造更高水平的制度文明。

办好中国的事情，关键在党。全面推进依法治国，关键靠党。

习近平总书记：

党的领导是中国特色社会主义最本质的特征，是社会主义法治最根本的保证。

把坚持党的领导、人民当家作主、依法治国有机统一起来是我国社会主义法治建设的一条基本经验。党的十八届四中全会决定强调，必须加强和改进党对法治工作的领导，把党的领导贯彻到全面推进依法治国全过程。

中国社会科学院院长、党组书记　王伟光：

在我们国家，宪法和法律是党的主张和人民意志相统一的集中体现，党领导人民制定了宪法和法律，党也领导人民执行宪法和法律，党自身也必须在宪法和法律范围内活动。坚持党的领导，是社会主义法治的根本保证，党的领导必须依靠社会主义法治。

党的十八届四中全会决定，对在党的领导下推进全面依法治国作了系统阐述。那就是，坚持党领导立法、保证执法、支持司法、带头守法。

党中央听取全国人大常委会、国务院、全国政协、最高人民法院、最高人民检察院党组工作汇报，审议批准全国人大常委会立法规划，中央全面深化改革领导小组审议通过一系列关于司法体制改革的重要政策文件……在以习近平同志为核心的党中央领导下，中国的法治建设沿着正确的方向，正在加速前行。

人民是我们社会主义国家的主人，是依法治国的主体和力量源泉。坚持人民主体地位，是中国特色社会主义法治的内在要求。

习近平总书记始终把人民放在心中最高位置。他指出，要把体现人民利益、反映人民愿望、维护人民权益、增进人民福祉落实到依法治国全过程，使法律及其实施充分体现人民意志。

从实施修改后的行政诉讼法破解"民告官"难题，到把信访纳入法治化轨道，努力化解信访积案；从实施立案登记制改革保障人民群众依法表达诉求，到建立居民身份证异地受理制度方便群众；从稳步推进人民陪审员、人民监督员制度改革，到广泛动员组织人民依法有序参与国家和社会事务管理……党的十八大以来，人民权益靠法律保障、法律权威靠人民维护的良好局面正在迅速形成。

平等是社会主义法律的基本属性。坚持法律面前人人平等，鲜明地体现了中国特色社会主义法治公平正义的本质特征。

正如习近平总书记指出，任何组织和个人都必须尊重宪法法律权威，都必须在宪法法律范围内活动，都必须依照宪法法律行使权力或权利、履行职责或义务，都不得有超越宪法法律的特权。任何人违反宪法法律都要受到追究，绝不允许任何人以任何借口任何形式以言代法、以权压法、徇私枉法。

无不平之法、无法外之人、无法上之权，法律面前人人平等。对于不遵守法律甚至严重违反法律、破坏法治的害群之马，不论其职务多高，都要依法严惩、毫不姑息。党的十八大以来，已有周永康、薄熙来、郭伯雄、徐才厚、令计划、苏荣等一大批原高级领导干部因严重违纪违法而受到党纪国法的严肃惩处。

法律是成文的道德，道德是内心的法律。礼法并施，德法兼容，是中华民族长期以来探索形成的社会治理之道。

习近平总书记指出，治理国家、治理社会必须一手抓法治、一手抓德治，既重视发挥法律的规范作用，又发挥道德的教化作用，实现法律和道德相辅相成、法治和德治相得益彰。

坚持依法治国和以德治国相结合，体现出社会主义法治的鲜明中国特色。

2016年12月9日，中国政法大学教授朱勇走进中南海，在中共中央政治局第三十七次集体学习中讲解"我国历史上的法治和德治"。

中国政法大学教授　朱勇：

中国历史上有一些盛世，盛世的形成有一个基本特征，那就是道德法律共同治理。道德引导民心、导民向善，法律规制社会、调整行为。

习近平总书记提出，中国特色社会主义法治道路要体现法律和道德相结合，体现法治和德治相结合，扎根中国现实，弘扬民族优秀传统，既是对历史规律的科学总结，也是当代中国实现民族复兴的必由之路。

我国革命史中的英雄事迹，彰显着中华民族的精神内涵。近年来，司法机关依法办理了涉及侵害邱少云等英雄人物名誉、荣誉的民事案件，给肆意诋毁、诽谤英雄的行为敲响了警钟。

中国政法大学教授　朱勇：

这些具有非常重要意义的案件，通过司法程序保护英雄的名誉，既是道德对法律的引导，也是法律对道德的支撑。

走什么样的法治道路、建设什么样的法治体系，是由一个国家的基本国情决定的。中国革命、建设和改革开放的实践反复说明，从实际出发，从中国国情出发，是我们各项事业取得成功的一条基本经验。全面推进依法治国，建设社会主义法治国家，同样必须坚持从中国实际出发。

习近平总书记：

鞋子合不合脚，自己穿着才知道。一个国家的发展道路合不合适，只有这个国家的人民才最有发言权。

鞋子合不合脚，自己穿着才知道。这个浅显而深刻的道理，正是我们坚持从中国实际出发，坚定不移走中国特色社会主义法治道路的最好说明。

中共中央党史研究室主任　曲青山：

法治建设从实际出发，首先要特别注重总结我们党领导人民建设社会主义法治的新鲜经验，使我们的法治具有鲜明的中国特色、实践特色、时代特色；同时要处理好古与今、中与外的关系，传承中华优秀传统文化，借鉴吸收人类法治文明的优秀成果。

古往今来，东方和西方，人们都在对社会治理之道进行不懈探索，都不约而同地运用了法律这种手段。

从"天下之事，一断于法"的法律思想，到"王子犯法与庶民同罪"的司法理念；从春秋时子产铸刑鼎首次公布法律，到汉唐以降历代相沿的成文法典……古老中国漫长的法制演进，蕴含着丰富的法律智慧。习近平总书记指出，要注意研究我国古代法制传统和成败得失，挖掘和传承中华法律文化精华，汲取营养、择善而用。

从被马克思、恩格斯称赞的古罗马《十二铜表法》，到《法国民法典》，再到现代各国的法治实践。习近平总书记强调，坚持从我国实际出发，不等于关起门来搞法治。法治是人类文明的重要成果之一，法治的精髓和要旨对于各国国家治理和社会治理具有普遍意义，我们要学习借鉴世界上优秀的法治文明成果。

同时，习近平总书记强调，学习借鉴不等于是简单的拿来主义，必须坚持以我为主、为我所用，认真鉴别、合理吸收，不能搞"全盘西化"，不能搞"全面移植"，不能照搬照抄。

坚持党的领导、坚持人民主体地位、坚持法律面前人人平等、坚持依法治国和以德治国相结合、坚持从中国实际出发，这五大原则构成一个有机整体，规定着中国特色社会主义法治道路的前进方向。

走自己的路，我们历经艰辛；一路走来，我们倍感振奋。法治中国建设取得了令人瞩目的成就，中国人民在正确的法治道路上大步迈进。

国务院法制办公室党组书记　袁曙宏：

党的十八大以来的这五年，是全面依法治国举措最有力最集中的五年，成就最丰硕最显著的五年，经验最丰富最系统的五年，开辟了全面依法治国的理论和实践新境界。

依宪治国，推进宪法全面有效实施：

完善以宪法为统帅的中国特色社会主义法律体系，健全宪法实施和监督制度，设立国家宪法日，建立宪法宣誓制度，弘扬宪法精神，维护宪法权威，为中国特色社会主义提供根本法律和制度保证。

以法为凭，改革蹚过一个个"深水区"，啃下一块块"硬骨头"：

修改人口与计划生育法，正式实施全面两孩政策；依法解决无户口人员户口登记问题，切实保障公民权利；按照法定程序对土地制度改革、司法责任制改革试点等作出授权决定……改革在法治下破题、在法治下推进，夯基垒台、积厚成势，生发出源源动力。

循法而行，坚持运用法治思维和法治方式破解发展难题：

编纂民法典，制定电子商务法，修改促进科技成果转化法……不断建立健全符合发展规律要求的法律制度，为经济社会持续健康发展提供法治支撑和保障。

持法为刃，铸就捍卫政权安全、制度安全的坚强力量：

制定国家安全法、反间谍法、反恐怖主义法、境外非政府组织境内活动管理法、网络安全法、国家情报法；依法惩治颠覆国家政权犯罪，用法律手段清朗网络空间……法治，成为维护国家安全、社会安全的强大屏障。

以法筑堤，将权力运行纳入法治化轨道：

党的十八大以来，党中央制定或修订一系列党内法规，同时更加注重运用法律手段惩治腐败，法治对全面从严治党的保障作用进一步凸显。党内法规体系日趋完善，约束"关键少数"标准更严，使广大党员、干部将法治内化于心、外践于行。

各级政府厘清行政权力边界、规范行政权力运行、提升依法行政能力，从上到下依法行政已成为共识，让权力在法治框架下运行。

我宣誓：忠于中华人民共和国宪法，维护宪法权威，履行法定职责……

2016年1月1日起，宪法宣誓制度正式施行。各级人民代表大会及县级以上各级人民代表大会常务委员会选举或者决定任命的国家工作人员，以及各级人民政府、人民法院、人民检察院任命的国家工作人员，在就职时应当公开进行宪法宣誓。

全国人大常委会法制工作委员会副主任　许安标：

宪法宣誓，是一种庄重的国家仪式，既表明了国家坚持依宪治国、维护宪法权威的坚定决心，也是宣誓者本人表明坚定地遵守宪法、维护宪法权威的庄重承诺。同时，也营造一个遵守宪法、维护宪法、弘扬宪法精神的良好社会氛围。

全面依法治国是国家治理领域一场广泛而深刻的革命，需要付出长期艰苦的努力，也需要一代代人的接续奋斗。

立于潮头，方知浪高风急；登临险峰，才见前路艰辛。

习近平总书记：

国无常强，无常弱。奉法者强则国强，奉法者弱则国弱。

时代呼唤法治，人民期盼法治。全面依法治国，宏伟的目标、壮阔的蓝图，激励着全党全国各族人民坚定信心、团结奋斗，共同建设一个充满生机、成就辉煌的法治中国！

第二集

大智立法

第二集《大智立法》完整视频

回溯到中国古代,"法"的字形就蕴含着对公平和规则的向往。

《说文解字》这样解释繁体的"灋"字:平之如水,从水;廌,所以触不直者,去之,从去。表示法律、法度公平如水。

法律,在人类社会治理中发挥着不可替代的作用。"小智治事,中智治人,大智立法。"古往今来,成功的执政者,无不视立法为治国之要务、理政之圭臬。放眼世界,大凡社会治理得好的国家和地区,都拥有比较完备的法律体系。新中国成立以来,特别是改革开放以来,经过长期努力,我国形成了中国特色社会主义法律体系,国家和经济社会生活各个方面总体实现了有法可依,这是一个了不起的重大成就。

实践发展永无止境,立法必须与时俱进。

习近平总书记:

转变经济发展方式,扩大社会主义民主,推进行政体制改革,保障、改善民生,加强和创新社会管理,保护生态环境,都会对立法提出新的要求。

如何进一步完善以宪法为核心的中国特色社会主义法律体系，提高立法质量，使法律法规更加充分反映客观规律和人民意愿，更加准确适应经济社会发展需求，更加有效解决实际问题，成为以习近平同志为核心的党中央领导立法工作着力解决的重大课题。

社会万象，纷繁复杂；立法所向，千头万绪。行进在实现"两个一百年"奋斗目标和中华民族伟大复兴中国梦的征途上，立法应如何回应时代命题，引领国家发展？

习近平总书记：

要加强重点领域立法，及时反映党和国家事业发展要求、人民群众关切期待，对涉及全面深化改革、推动经济发展、完善社会治理、保障人民生活、维护国家安全的法律抓紧制定、及时修改。

民法是公民权利的宣言书，每个人的人生旅途中所有的民事活动都能在民法中找到依据。民法典是民族精神、时代精神的立法表达。1804年的《法国民法典》、1900年的《德国民法典》等，都是各自国家法律体系成熟的重要标志。

时至今日，我国民事立法已涵盖社会生活方方面面，但始终缺乏一部统辖各个民事法律的总章。中国特色社会主义法律体系的不断完善，呼吁一部顺应时代要求、体现中国特色、经得起历史和实践检验的统一民法典。

党中央审时度势，在党的十八届四中全会决定中明确提出编纂民法典的重大立法任务。习近平总书记亲自主持召开会议、作出重要指示，为编纂民法典和制定民法总则提供了重要指导和基本遵循。

宣读表决结果：

赞成2782票，反对30票，弃权21票。宣读完毕，通过。

这是一个历史性的时刻。中国民法典的开篇之作——《中华人民共和国民法总则》诞生，被誉为"社会生活百科全书"的民法典翻开了关键一页。

保护民事主体的人身和财产权利，强化规则意识，倡导契约精神，为民事活动提供基本遵循；将社会主义核心价值观融入法律，确立价值导向，维护公序良俗，引导人们崇德向善。民法总则作为统帅和纲领，进一步完善了社会主义市场经济和社会生活的法律规范，为编纂民法典打下了坚实基础。

中国社会科学院民法典编纂立法课题组首席研究员　孙宪忠：

民法总则在承认和保障人民群众的人身权利和财产权利方面付出了极大的努力。比如说关于胎儿人身权的制度，选择符合中国实际需要的行为能力的制度，建立适合我们现在中国进入老龄社会以后的老年监护制度，英雄和烈士的名誉权保护的问题……充分实现了对人民权利的保障。

"为国也，观俗立法则治，察国事本则宜"。从实际出发，立足中国国情，回应现实需求，始终是决定一部立法成败的关键。

新水桥村位于银川市区东4公里，常住居民4500人。2015年，推进农村集体产权制度改革，探索成立了宁夏新水桥实业有限公司，由村委会负责人出任实业公司负责人。通过一年的经营，公司有了很好的收益。

村民：

朝好的方向发展，提高群众的收入，我觉得前途是很好的。

信心满满的同时，压力和困惑也一直存在。作为实业公司的全资控股方，村委会的法人身份受到了质疑。

宁夏回族自治区人大法制委员会主任委员　刘彦宁：

村民委员会是一个自治组织，那么你如何去出资？如何去运营？它也没有一个商业性的账户，也没取得一个商业性的许可或者经营证照。

银川市兴庆区大新镇新水桥村党总支书记　王绍利：

因为没办法认定我们的身份。我们在给物业公司还有劳务公司包括合作社出资的过程当中，是非常艰辛艰难的，你需要多个部门协商沟通，我们还要开证明，开介绍信，非常麻烦。

民法总则中专门设立了"特别法人"制度，赋予农村集体经济组织、城镇农村的合作经济组织、居民（村民）委员会基层群众性自治组织等特别法人资格。这是适应我国基本经济制度和基层民主制度发展的立法安排，民法总则给出了民事法人制度独创的"中国方案"。

一部民法典，映射一个伟大时代。按照立法规划，民法典编纂工作将于 2020 年完成，这与全面建成小康社会的时间完全契合。

民法典的编纂，必将成为中国法制史上的一座丰碑。它体现的是当代中国的时代特征，解决的是中国社会的现实问题，成为新时期立法工作的鲜明写照。

人民有所呼，立法有所应。面对人民群众关注的"难点""痛点"，经济社会发展的"堵点""盲点"，立法如何建章立制、定分止争，解决人民群众反映最迫切的问题，破解影响经济社会发展最顽固的症结？

互联网时代，信息技术的发展给经济社会发展注入无穷活力，给人民群众生活带来巨大便利，也滋生了电信网络诈骗、网络传播谣言等违法犯罪行为。通过立法，清朗网络空间，保护国家安全和公民权利，已经刻不容缓。

习近平总书记十分关心网络立法，要求抓紧制定立法规划。他强调，依法治理网络空间，维护公民合法权益。

中央的决策、人民的呼声，迅速转化为立法行动。全国人大常委会制定网络安全法，国务院及有关部门密集出台互联网领域行政法规规章，最高人民法院、最高人民检察院制定办理利用信息网络实施诽谤等刑事案件的司法解释，互联网的"法网"渐织渐密。

最高人民法院刑事审判第三庭副庭长　李睿懿：

这不仅有助于更加准确而有力地惩治相关网络犯罪，而且有利于保护公民合法权益，维护社会稳定，保障广大网民更加积极有效地行使表达权和监督权,促进网络健康发展。

社会发展的步伐行进到哪里,立法就要跟进到哪里。党的十八大以来,立法机关啃下一块块重要立法"硬骨头",为经济社会发展保驾护航,生动诠释了立法为民的理念,让人民生活得更有尊严、更加幸福。

全面修订环境保护法,铁腕治污;及时修订食品安全法,建立最严格的、覆盖全过程的食品安全监管制度;对行政诉讼法作出施行24年来的首次大修,重点解决"民告官"立案难、审理难、执行难等突出问题……法治向前推进,人民有更多获得感。

大气污染防治法、民办教育促进法、红十字会法、预算法、企业所得税法、促进科技成果转化法、教育法等一批事关国计民生的法律得到及时修改……经济社会运行更有保障。

《居住证暂行条例》施行,标志着我国彻底告别"暂住证"时代,让两亿非户籍人口在居住地"扎根"。《不动产登记暂行条例》改变了"多头登记、分散管理"的局面,保护不动产权利人合法财产权,方便了企业和群众。司法机关针对办理环境污染、危害生产安全刑事案件,审理消费民事公益诉讼、环境侵权责任纠纷、食品药品纠纷案件等,出台了一系列司法解释,紧扣民生领域突出问题。

拥有了完备的法律体系,公民的经济、文化、社会等各方面的权利才能得到落实,人身权、财产权、基本政治权利等各项权利才能不受侵犯。

劳动教养制度是我国在特殊时期出台的一项行政处罚措施，随着社会的发展，这一制度已越来越不适应当今社会。呼吁改革劳教制度的呼声强烈。

党的十八届三中全会提出废止劳动教养制度。2013年12月，十二届全国人大常委会第六次会议表决通过了废止劳动教养法律规定的决定。延续了半个多世纪的劳教制度终于退出了历史舞台。

十二届全国人大法律委员会副主任委员　徐显明：

我们国家在推进法治建设的过程中，中央果断地决定废止劳动教养制度，展现了我们党依法治国，建设法治国家的决心、信心和力度。可以说这项制度的废除，标志着中国法治建设的一个重大进步，深得广大人民群众的拥护。

当今世界，国际形势复杂多变，大国博弈暗流涌动。安而不忘危，治而不忘乱。维护国家安全，法律的作用不可或缺。国家安全是安邦定国的基石，必须靠立法从源头上保障。

党的十八届四中全会决定提出："贯彻落实总体国家安全观，加快国家安全法治建设，抓紧出台反恐怖等一批急需法律，推进公共安全法治化，构建国家安全法律制度体系。"

十二届全国人大法律委员会主任委员　乔晓阳：

我们制定了新的国家安全法、国家情报法、反间谍法、反恐怖主义法、网络安全法、境外非政府组织境内活动管理法等一系列涉及国家安全的法律，还出台了刑法修正案（九），现在正在审议核安全法草案。可以说，整个国家安全领域的基本制度框架已经建立，为维护国家核心利益和其他重大利益提供了坚实的法制保障。

法律体系的步步完善，为国泰民安奠定了坚实基础，推动国家硬实力和软实力同步提升。党的十八大以来，针对文化、社会等方面立法相对薄弱、滞后的情况，加快推进相关立法，补短板、填空白，促进经济社会各领域全面发展。

2016年11月7日，《中华人民共和国电影产业促进法》由十二届全国人大常委会第二十四次会议表决通过。习近平签署主席令予以公布。这是我国文化产业领域的第一部法律，对电影创作、摄制，电影发行、放映，电影产业支持、保障，法律责任等分别作了详细规定，以法律保障和促进国产电影的发展，为中国迈向电影强国保驾护航。

十二届全国人大代表　奚美娟：

我觉得这个过程，我们自己身在其中，作为业内人士真的是非常非常高兴。我们中国电影112年以来有了第一部有关电影的国家大法。

气象万千的社会生活，犹如一幅巨大的画卷，而立法者如同高超的画师挥毫泼墨。反家庭暴力法、特种设备安全法、公共文化服务保障法、资产评估法，全国社会保障基金条例、征信业管理条例，一个个立法空白被及时填补，中国特色社会主义法律体系进一步完善。

截至2017年6月底，十二届全国人民代表大会及其常委会新制定法律20件，通过修改法律的决定39件、涉及修改法律100件，废止法律1件，作出法律解释9件，有关法律问题的决定34件。2013年以来，国务院共提请全国人大常委会审议法律议案43件，制定修订行政法规43部，根据"放管服"改革要求，先后"一揽子"修订行政法规125部；最高人民法院、最高人民检察院制定出台133项司法实践中急需的司法解释；有立法权的地方人大及其常委会制定地方性法规4000余件。立法呈现出数量多、分量重、节奏快的特点，取得了一批新的重要立法成果，为改革发展稳定发挥了重要的保障和促进作用。

在经济社会发展中，立法与改革始终是相辅相成的。全面深化改革，需要通过立法做好顶层设计、引领改革进程、推动社会发展。

习近平总书记：

我们要坚持改革决策和立法决策相统一、相衔接，立法主动适应改革需要，积极发挥引导、推动、规范、保障改革的作用，做到重大改革于法有据，改革和法治同步推进。

广播播报党的十八届五中全会公报：

促进人口均衡发展，坚持计划生育的基本国策，完善人口发展战略，全面实施一对夫妇可生育两个孩子政策。

家住北京的孙雪梅夫妇三年前迎来了他们的女儿墨墨。兄弟姊妹相伴的童年让他们夫妇俩都认为，应该再生一个孩子。只不过当时，他们并不符合政策要求。

党的十八届五中全会作出了坚持计划生育基本国策，全面实施一对夫妇可生育两个孩子的决策部署。会后，国务院迅速完成了相关法律的修改报送程序。2015年12月，十二届全国人大常委会第十八次会议表决通过了关于修改人口与计划生育法的决定。

孙雪梅：

恰好是在政策放开以后发现怀孕，就感觉这个真的还是心想事成的，因为恰好赶上这个点了。

从一对夫妇只生一个孩子，到单独两孩政策的出台，再到全面两孩政策的实施。法律的修改完善始终与社会发展同步合拍，坚定地守护着人们的幸福生活。

坚持在法治下推进改革、在改革中完善法治，对于需要先行先试的改革举措，依法授权开展试点工作；对于实践证明行之有效、具备复制推广条件的改革举措，及时总结修改完善相关法律。

2013年和2014年，全国人大常委会先后两次作出决定，授权国务院在上海、广东、天津、福建自由贸易试验区暂时调整有关法律规定的行政审批。国务院在认真总结试点经验后提出议案，全国人大常委会对外资企业法等4部法律作出统筹修改，将自由贸易试验区试点的改革措施上升为法律。

外资企业法等4部法律的修改，为中国对外商投资全面实行负面清单的管理模式奠定法律基础，是外商投资管理体制的一次重大变革，有助于提升中国的外资开放度、透明度和监管水平。

美国在华投资某企业总裁　韦策图：

最近我们刚做完一项申请，我们需要变更一名董事会成员。印象里这类审批至少需要一个月左右的时间。两周之前我们去办手续，令我们惊讶不已的是，我们这次完全可以在线申报。在两天的时间内，整个的备案审批流程全部完结。

十二届全国人大法律委员会副主任委员　李适时：

党的十八大以来，按照习近平总书记"凡属重大改革都要于法有据"的重要思想，全国人大常委会依照法定权限和程序，作出了18项授权决定和有关法律问题的决定，落实党中央改革决策部署。包括自由贸易试验区的建设与拓展，包括行政审批制度改革、司法体制改革以及农村集体土地使用权制度改革等，全国人大常委会都作出了决定，确保这些重大改革和先行先试在法治的轨道上有效地运行起来。

法律是治国之重器，良法是善治之前提。制定良法，是人民对立法者的基本要求。

习近平总书记：

人民群众对立法的期盼，已经不是有没有，而是好不好、管不管用、能不能解决实际问题；不是什么法都能治国，不是什么法都能治好国；越是强调法治，越是要提高立法质量。

建设中国特色社会主义法律体系，必须抓住提高立法质量这个"牛鼻子"。2014年10月，习近平总书记在党的十八届四中全会上就《中共中央关于全面推进依法治国若干重大问题的决定》起草情况作说明时强调，推进科学立法、民主立法，是提高立法质量的根本途径。科学立法的核心在于尊重和体现客观规律，民主立法的核心在于为了人民、依靠人民。要完善科学立法、民主立法机制，创新公众参与立法方式，广泛听取各方面意见和建议。

推进科学立法、民主立法，首先要改革立法体制机制。按照党的十八届四中全会决定，充分发挥人大及其常委会在立法工作中的主导作用，重要法律草案由全国人大相关专门委员会、全国人大常委会法工委组织有关部门参与起草，重要行政管理法律法规由政府法制机构组织起草，从体制机制和工作程序上有效防止了部门利益和地方保护主义法律化。

同时，我国幅员辽阔，各地经济社会发展、历史文化传统、地理风土人情大有不同，许多情况下，全国性立法这把统一的尺子难以衡量地方性的特殊问题，这给立法体制的完善和立法权的配置提出了新的课题。

湖北襄阳，国家历史文化名城，楚、汉、三国文化的重要发源地，已有2800多年的建制历史。千百年来，古老的城墙雄峙汉江南岸，守卫着这一方钟灵毓秀的土地。"一城一水"也就成了襄阳最亮丽的城市名片。

襄阳市民　徐信：

有的人在这里搭个板房，住一下，有些人把墙挖个洞，住进去，叫人很心疼的。

多年来，襄阳市对于古城墙的保护和管理缺乏完善的法律依据。自上世纪90年代以来，襄阳市一直在争取地方立法权，希望通过立法来推进城市治理的法治化。

党的十八届四中全会决定提出"依法赋予设区的市地方立法权"。2015年，立法法作出相应修改，赋予所有设区的市地方立法权，成为我国立法史上的一件大事。

湖北省襄阳市人大常委会法制工作委员会主任　霍焰：

有了立法权，我们就可以源头参与了，对经济社会发展当中的一些重点的、难点的问题，我们可以通过立法这样的一个过程做出立法决策，制定规则，同时后面跟踪监督，更加全面深入地来推动地方的改革和发展。

2017年5月1日，《襄阳古城墙保护条例》正式施行。统计表明，截至2017年4月底，全国新赋予地方立法权的市和自治州已经审议通过地方性法规369件。地方立法正在地方治理中发挥积极作用。

为推进科学立法、民主立法，全国人大常委会法工委在湖北襄阳市、江西景德镇市、甘肃临洮县和上海市长宁区虹桥街道设立了4个基层立法联系点。截至2017年7月底，4个基层立法联系点已完成22部法律草案的意见征询工作，归纳整理各类意见建议988条。

在上海虹桥街道的虹储小区，朱国萍当了26年的居委会主任，同时，她也是连任两届的全国人大代表。现在，朱国萍又多了一个新的身份——虹桥街道基层立法联系点的信息员。

十二届全国人大代表　朱国萍：

本来感觉这个法律在人民大会堂，离我们很远，似乎和我们没关系。现在法律就在我们家门口，我们每个公民自愿地参与到法律的修改，这是主人翁的形象，主人翁的精神。

2016年11月，朱国萍应邀参加了在上海召开的民法总则草案基层座谈会。针对草案中关于无具有监护资格的人的，由村（居）委会还是民政部门担任监护人的规定，她根据自己在基层工作遇到的问题和居民反映的情况，提出了自己的建议。

十二届全国人大代表　朱国萍：

普通的老百姓能在法律上讲几句话，讲几句自己的工作体会，我就是自豪，很开心。

基层立法联系点开通了最高国家立法机关和基层干部群众之间的"直通车"，让百姓的心声更快、更准地体现在立法中。2016年10月至11月，4场民法总则草案的座谈会先后在北京、宁夏、上海、四川召开，4个基层立法联系点也派出代表参加，提出的很多意见和建议被立法者采纳。

发挥专家学者的作用，是科学立法的重要表现形式。几年来，在民法总则的立法过程中，先后组织数十场专家咨询会，法学界百余名专家学者参与，广泛地凝聚了共识，形成了百万字的专家咨询报告。

全国人大常委会法制工作委员会民法室主任　贾东明：

在民法总则起草过程中，立法工作机构采用多种形式，广泛听取学术界的意见建议，邀请专家学者参加座谈会、研讨会，向法学学术团体和法学教学研究机构书面征求意见，还就某些争议较大的问题请专家学者提供咨询意见。对学术界的意见建议，包括专家建议稿的内容进行认真研究和积极采纳，体现了专家学者参与立法的成效，推进了科学立法机制的不断完善。

十二届全国人大常委会至今，已有65次法律草案公开征求意见，其中刑法修正案（九）草案二次审议稿收到意见达11万多条。坚持开门立法，广察民意、汇聚民智，使每一项立法成为反映人民意志、得到人民拥护的"良法"有了充分保证。

全国人大常委会法制工作委员会主任　沈春耀：

就立法工作而言，我们法治也有它自身的特点和规律，所以反映规律的要求，反映时代的要求，反映我们整个党和国家事业发展的要求，我觉得就是科学立法的本质要求。

宪法是国家的根本大法。宪法与国家前途、人民命运息息相关。全面推进依法治国，必须维护宪法权威，捍卫宪法尊严。

香港回归祖国20年来，香港基本法作为保障"一国两制"、"港人治港"、高度自治的宪法性法律，在保持香港持续繁荣稳定中，发挥了定海神针的作用。

树欲静而风不止。近年来，随着国际形势的变化，香港极少数人置祖国利益和绝大多数香港民众利益于不顾，公然违反基本法。2016年10月12日，在特别行政区立法会新一届议员宣誓入职仪式上，极个别"港独"候任议员在宣誓时公然作出侮辱国家和民族的言行，激起香港和内地广大民众的强烈愤慨。

宪法法律权威不容挑战。2016年11月7日，全国人大常委会依法行使宪法和香港基本法赋予的权力，作出关于香港基本法第一百零四条的解释。随后，香港法院根据这一释法决定，裁定两名候任特区立法会议员丧失议员资格，4名议员的宣誓没有法律效力，议员资格被取消。

全国人大常委会的释法决定，从法律上给香港极少数人企图利用政治讲坛宣扬"港独"亮出了"红牌"，也给那些挑战基本法权威、破坏"一国两制"、危害国家安全的行为划定了红线。香港回归20年来，全国人大常委会仅有五次对基本法作出解释。这次关键时刻的释法，充分体现了依宪治国原则，有力维护了宪法和香港基本法的权威与尊严。

香港工会联合会理事长　吴秋北：

全国人大常委会的解释，就可以把这个法律有关的规定更加清晰地表达出来，而且可以防止不同的一些解释，可以及时止息这个纷争。

宪法法律权威得到有效维护，才能保障国家根本制度的长期稳定。

对香港基本法第一百零四条进行解释，通过特赦部分服刑罪犯的决定，制定国家勋章和国家荣誉称号法等法律，设立国家宪法日和宪法宣誓制度……党的十八大以来，宪法日益走进现实生活，宪法精神落地生根。

维护国家法制统一，保障法律体系内部和谐一致，是宪法和法律得到有效实施的前提和基础。一段时期以来，一些地方和部门存在超越法定程序和权限制定规范性文件，侵害公民和法人合法权益的现象。

党的十八届四中全会决定特别提出，加强备案审查制度和能力建设,把所有规范性文件纳入备案审查范围,依法撤销和纠正违宪违法的规范性文件。

2015年10月10日上午,家住杭州的潘洪斌骑着一辆外地牌照的电动自行车,途经杭州环城北路与莫干山路口时,被执勤的交警拦了下来。依据《杭州市道路交通安全管理条例》中的规定,交警要查扣他的电动车并托运回原籍。

潘洪斌:

我回去查阅了相关的规定,包括行政强制法以及道路交通安全法,都没有发现非机动车在此类情况之下,可以被扣留以及被强制托运回原籍。

2016年4月,潘洪斌致信全国人大常委会法工委,建议对《杭州市道路交通安全管理条例》进行审查,请求撤销该条例中违反行政强制法设立的行政强制措施。

全国人大常委会法制工作委员会法规备案审查室主任 梁鹰:

我们收到这个建议以后,高度重视、登记,及时地与浙江省人大常委会,与杭州市人大常委会进行沟通,了解制定的情况。备案审查的实质,说到底,就是确保各项规范性文件与宪法法律保持一致。

潘洪斌的来信启动了规范性文件备案审查机制。杭州市人大常委会和有关部门着手研究条例修改方案,决定将条例的修改列入2017年立法计划,同时委托专家学者对本届人大任期内制定的全部地方性法规的合法性问题进行全面研究。

潘洪斌：

事关公民权益绝非小事，这种态度也表明了国家对法治推进的决心。

规范性文件备案审查制度，为普通百姓架起了一道通向宪法法律保护的桥梁，畅通了撤销和纠正违宪违法规范性文件的渠道，保障公民合法权益。四年多来，全国人大常委会共接受公民和组织提出的各类审查建议1200余件，对每一件审查建议都认真研究、妥善处理，取得了良好的社会效果和法律效果。

当宪法和法律得到有效实施，各项法律规定从纸面走入生活，各项权利从制度走向现实。不断完善的中国特色社会主义法律体系，已经成为定国兴邦、长治久安的坚实基础。

习近平总书记：

我们要以宪法为最高法律规范，继续完善以宪法为统帅的中国特色社会主义法律体系，把国家各项事业和各项工作纳入法制轨道。

"立善法于天下，则天下治；立善法于一国，则一国治。"一部部顺应最广大人民意愿、维护最广大人民利益的良法善法，正构筑起全面依法治国的坚固基石，凝聚起民族复兴的制度伟力，为实现"两个一百年"奋斗目标、实现中华民族伟大复兴的中国梦提供更加坚实有力的法治保障！

第三集

依法行政

第三集《依法行政》完整视频

2000多年前,商鞅推行一系列新法令,助力秦国富国强兵。"徙木立信"体现了法律的权威和制度的诚信。"法令行则国治,法令弛则国乱。"法律得到有效实施和执行,对于施政治国具有至关重要的意义。

法治犹如天平,一边是公共权力,一边是公民权利。在全面推进依法治国的今天,只有政府带头有法必依、严格执法,国家才能在法治的轨道上有序发展。

2014年10月,习近平总书记就《中共中央关于全面推进依法治国若干重大问题的决定》起草情况向党的十八届四中全会作说明时指出,各级政府必须坚持在党的领导下、在法治轨道上开展工作,加快建设职能科学、权责法定、执法严明、公开公正、廉洁高效、守法诚信的法治政府。

党的十八大把"法治政府基本建成"确立为到2020年全面建成小康社会的重要目标之一。加快建设法治政府,是全面深化改革的迫切需要,更是全面依法治国的重大任务。

2015年12月,中共中央、国务院印发《法治政府建设实施纲要(2015—2020年)》,规划了今后一个时期建设法治政府的总蓝图、路线图、施工图。

党的十八大以来,在全面推进依法治国的号角声中,法治政府建设换挡提速,依法行政成为一道时代的鲜明烙印。

春天,总是孕育着希望。

2014年初春,万物复苏的时节,国务院各部门官网上悄然出现了一张张部门行政审批事项清单。这是中央政府首次晒出权力清单、亮出权力家底。

依法行政,首先要职权法定。法定职责必须为,法无授权不可为。推进政府机构、职能、权限、程序和责任法定化,厘清权力的边界,是建设法治政府的前提。

习近平总书记:

各级政府一定要严格依法行政,切实履行职责,该管的事一定要管好、管到位,该放的权一定要放足、放到位,坚决克服政府职能错位、越位、缺位现象。

法治政府的核心内涵是依法行政,确保权力行使不能恣意、任性。

在经济社会生活中,政府该做什么、不该做什么?向社会公开权力清单,就是要把权力关进制度的笼子,让公众知道政府的权力边界,让权力真正在阳光下运行。

2015年8月,腾冲市委编办的工作人员从未如此繁忙过,他们把上千部法律法规、18个乡镇的相关资料统一集中在会议室，要在一个月的时间里将县乡两级政府的权力和相对应的责任以清单的形式明确地列示出来。

中共腾冲市委机构编制办公室主任　何学褒：

通过几上几下的审核，这个审核主要就是法律依据的审核，因为现在都是依法执政，依法行使职权，任何一项行政职权必须具有法律依据，所以我们就从找法律依据入手做这个权责清单。

2015年12月，腾冲市的权力清单和责任清单全面向社会公开，接受社会监督。权责清单明晰和规范了权力运行过程，直接面向基层、服务群众的县、乡两级政府将政府公权晒出，亮明家底。

推行各级政府工作部门权力清单制度是落实职权法定的重要举措，对于建设法治政府、责任政府、廉洁政府具有重要意义。

截至目前，全国所有省市县三级政府部门权责清单均已公布。

政府是法律实施的重要责任主体。研究表明，多达80%以上的法律法规主要由行政机关负责实施。今天，我们能不能有效推进全面依法治国，建设法治国家，关键就在于各级政府能不能严格依法行政、依法办事。

让政府工作在法治轨道上开展，把权力装进制度的笼子里，关键要从政府决策的源头抓起，确保政府的行政决策程序正当、过程公开、责任明确，经得起历史和法律的检验。

2015年10月29日，习近平总书记在党的十八届五中全会上指出，要更加自觉地运用法治思维和法治方式来深化改革、推动发展、化解矛盾、维护稳定，依法治理经济，依法协调和处理各种利益问题，避免埋钉子、留尾巴。

程序之于权力，犹如缰绳之于骏马，操之在手则驾驭自如，脱缰失序则为祸甚烈。曾几何时，有的地方政府为推动所谓的政绩工程，往往置行政程序于不顾，长官意志、随意决策，给一方经济、社会、民生留下严重的后遗症。建设法治政府，就要用刚性的决策程序套住行政权力的笼头，使依法决策、科学决策、民主决策成为各级政府的共识。

党的十八届四中全会决定指出，把公众参与、专家论证、风险评估、合法性审查、集体讨论决定确定为重大行政决策法定程序，确保决策制度科学、程序正当、过程公开、责任明确。

重大行政决策程序暂行条例、快递暂行条例、住房公积金管理条例等一批重要法规草案在国务院法制办公室官方网站上公开征求意见，汇聚各方智慧，使得政府决策和各项改革措施的制定出台更加科学民主。

作为"互联网+"下的出行变革，从2014年开始网约车成为很多消费者出行的新选择。但火爆的同时，网约车是否合规、和出租车如何和谐共处等问题，引发了一场激烈讨论。

北京市民　　陈志宇：

体现在价格比较便宜，还有确实是方便了，网约车的种类，平台的种类也非常多，还可以去选择自己想要的车型，这也是体现在便利的一个方面。

出租车司机　王建生：

首当其冲那就是竞争，是一个不公平的竞争。我们的单越来越少，也就是说我们空驶率越来越多，我们拉的活也越来越少了。

网约车从业者　张红军：

当时我们第一批的网约车司机也挺难的，客人还不认可。我个人认为是一种错位经营。如果这个市场有序地发展，相互是没有矛盾的。

如何统筹兼顾不同群体的利益诉求，构建科学合理的城市综合治理体系？网约车监管考验着"互联网+"时代政府依法决策的能力。

交通运输部副部长　刘小明：

它是集我们创新问题、民生问题、解决原有业态顽疾痼症问题于一体，难度很大，必须汇聚各界智慧、凝聚社会共识，依法民主决策。国务院办公厅制定的《关于深化改革推进出租汽车行业健康发展的指导意见》，明确了网约车的合法地位。

交通运输部与互联网企业进行了先后近20次的沟通，召开不同范围、不同层次的座谈会、论证会和咨询会100余次，网上征集意见建议5008件、6832条。

新闻播报：

今天起交通运输部发布的《网络预约出租汽车经营服务管

理暂行办法》正式施行了。

北京市政府今天向首汽约车颁发了《网络预约出租汽车经营许可证》。

《天津市网络预约出租汽车经营服务管理暂行办法》正式颁布实施。

制定规则就是在矛盾的焦点上"砍一刀",实际上就是要统筹协调利益关系。从一开始禁止私家车接入平台参与经营,多地频频叫停"专车"服务,到中央层面对网约车的逐步肯定,网约车的正名之路交集了多方博弈,个中曲折和碰撞不断,而在决策过程中广泛听取各方声音,正是民主决策的体现。

普遍建立法律顾问制度,是党的十八届三中全会提出的要求。党的十八届四中全会进一步明确:积极推行政府法律顾问制度,建立政府法制机构人员为主体、吸收专家和律师参加的法律顾问队伍,保证法律顾问在制定重大行政决策、推进依法行政中发挥积极作用。

深圳市政府曾终止了一个垃圾焚烧项目,当地一家国有企业妥善处理了善后事宜,并向政府提出相应补偿要求,有关部门经研究后建议将某污泥处理项目直接交予该企业经营。

然而,2016年,这一决定遭到深圳市人民政府法律顾问何音的质疑和反对。

深圳市人民政府法律顾问 何音:

污泥处理项目属于公用事业特许经营项目,根据《深圳市公用事业特许经营条例》等相关法律法规的规定,特许经营权的授予应当通过招标、拍卖等公开方式确定。

市政府法律顾问工作室也通过书面意见反馈了这个问题。在最终决策时，深圳市政府采纳了法律顾问室的意见。

深圳市人民政府法律顾问　何音：

作为市政府的专职法律顾问，同时也是政府决策的参谋助手。现在政府的各项工作都十分注重合法性审查，主动将各项工作纳入到法律轨道上来。

2016年6月，中共中央办公厅、国务院办公厅印发了《关于推行法律顾问制度和公职律师公司律师制度的意见》，要求积极推行法律顾问制度和公职律师、公司律师制度，提高依法执政、依法行政、依法经营、依法管理的能力水平，促进依法办事。

中华全国律师协会会长　王俊峰：

全面地推进法律顾问制度、公职律师制度，可以在事先对各种法律风险加以防范和控制，从而使得我们各项决策和管理工作全方位地在法律框架下来运行。

一年来，各级政府及工作部门普遍设立了法律顾问、公职律师。法律顾问、公职律师已经成为政府依法决策、依法行政、化解纷争、服务群众的好帮手。

有权必有责，违法必追责。决策者为其作出的决策负责，这是法治政府的题中之义。

党的十八届四中全会明确提出，建立重大决策终身责任追究制度及责任倒查机制。

终身追责就像一个紧箍牢牢地套在各级政府官员的头上，庙跑不了，和尚也跑不了。

巍巍祁连山，横亘河西走廊南侧，逶迤千里，是我国西部一条重要的生态屏障，黄河流域重要的水源补给地。1988年，国务院批准设立甘肃祁连山国家级自然保护区。然而，长期以来，由于保护区所在地方各级政府违法决策、违规审批、监管失职，造成祁连山局部生态遭到严重破坏，自然保护区满目疮痍。

日前，中共中央办公厅、国务院办公厅就甘肃祁连山国家级自然保护区生态环境问题发出通报，甘肃省3名现任或前任副省长被问责，省国土资源厅厅长、祁连山保护区管理局局长等4人被撤职，成为重大决策终身责任追究制度的典型案例。

环境保护部副部长　黄润秋：

一定要在发展过程中注意生态环境保护。不要简单地为了眼前利益而不顾长远利益，不顾大多数老百姓的利益，领导干部一定要站在依法行政的高度，去科学决策、民主决策、依法决策。

"天下之事，不难于立法，而难于法之必行。"今天，我们社会生活中发生的许多问题，往往不是因为立法不够、规范无据，而是因为有法不依、执法不严乃至徇私枉法、破坏法治。

2013年2月23日，习近平总书记在中共中央政治局第四次集体学习时指出，全面推进依法治国，必须坚持严格执法。法律的生命力在于实施。如果有了法律而不实施，或者实施不力，搞得有法不依、执法不严、违法不究，那制定再多法律也无济于事。

政府严格执法，才能保障法律法规得到全面正确的实施。

在环保领域，对环境污染零容忍，依法清理"小散乱污"企业、关停整改排污大户、查处违法典型案件，努力为百姓守护好蓝天碧水净土；

在食品药品安全领域，多举措加强稽查执法，在餐饮业实施"明厨亮灶"、治理网络订餐乱象、打击药品临床数据造假……护航百姓"舌尖上的安全"；

加强工商事中事后监管，推动企业恪守诚信；严厉"扫黄打非"查缴侵权盗版，守护一方文化净土……在越来越多民生相关领域，政府严格执法正成为常态。

维护人民群众的生命财产安全，永远是人民政府第一位的职责。坚持严格执法，坚决遏制违法犯罪多发高发态势，特别是重点打击关系群众切身利益、群众反映强烈的违法犯罪问题，充分体现了执法为民的宗旨理念。

徐玉玉，一个善良孝顺的山东女孩，她的年轻生命永远定格在了2016年8月21日。刚刚接到南京邮电大学录取通知的她，被诈骗犯罪分子通过电信网络骗走了9900元学费，因伤心自责过度不幸离世。徐玉玉的遭遇引起社会的广泛同情，广大人民群众对电信网络诈骗这一肆虐横行的社会毒瘤深恶痛绝。

公安机关迅速行动、严格执法，在短时间内侦破案件，将诈骗团伙犯罪嫌疑人抓捕归案。主犯一审被判处无期徒刑，其他6人也依法受到严惩。

执法利剑指向重症顽疾。公安部、工信部等23个部门和单位建立了打击治理电信网络新型违法犯罪工作部际联席会议制度。2016年9月23日,最高人民法院、最高人民检察院、公安部、工信部、人民银行、银监会六部门联合发布《关于防范和打击电信网络诈骗犯罪的通告》,合力行动,重拳打击整治电信网络诈骗犯罪。

公安部副部长　李伟：

在我们国家电信(网络)诈骗案件应该说得到了遏制,今年上半年我们统计了一下,全国的发案与去年同期比下降了15%,全国的破案与去年同期比增加了50%。

力争通过我们的努力,使整个案件得到遏制,使人民群众的安全感得到提升,使我们国家的社会秩序得到更好的维护。

习近平总书记强调,要继续加强和创新社会治理,完善中国特色社会主义社会治理体系,努力建设更高水平的平安中国,进一步增强人民群众安全感。

党的十八大以来,各地各部门把社会治安专项治理与系统治理、综合治理、依法治理、源头治理结合起来,有效解决了一大批影响社会治安的突出问题。

如今,中国已成为世界上最安全的国家之一。数据显示,我国每10万人命案发案数为0.7起,与有"世界上最安全国家"之称的瑞士相当。

严格公正执法与规范文明执法,犹如一个硬币的两面,共同决定着执法的质量和效果，关系到政府形象和公信力。

规范执法行为，让人民群众感受到执法的严格、公正、文明，始终是党和政府推进法治政府建设孜孜以求的目标。

2014年1月7日，习近平总书记在中央政法工作会议上讲到：涉及群众的问题，要准确把握社会心态和群众情绪，充分考虑执法对象的切身感受，规范执法言行，推行人性化执法、柔性执法、阳光执法，不要搞粗暴执法、"委托暴力"那一套。

坚持严格规范公正文明执法，从群众最不满意的地方抓起，从群众反映最强烈的问题改起，让人民群众有更多获得感，使政府收获更多的满意度和公信力。

民警现场执法需要遵循什么程序？当事人不配合执法怎么处理？2016年7月以来，公安部已两次就基层一线民警面临的执法难点和困惑问题，组织全国上百万公安民警通过视频方式接受集中培训，并将执法培训作为民警上岗、任职、晋升职务和授予、晋升警衔等的重要条件。

湖南省长沙市公安局特巡警支队民警　　沈靖翔：

我们执法中遇见的新情况、新问题也不断给一线执法工作带来新的挑战，只有我们积极学法、规范执法，才能提高我们的自身执法素养和能力水平。

民警执法随身携带警察证、执法现场全程配备记录仪……一个个执法的小细节，折射出法治的大进步。一系列组合拳，让执法为民的理念内化于心，让执法规范化的要求外化于行。

城市是现代文明的标志。目前我国有一半以上人口生活在城市。城管执法直接面对群众。但很长时间以来，城管法定职权不清晰，多头执法、执法重叠和执法空白问题并存，执法人员在执法中经常与管理对象发生冲突。群众不满意，执法人员自己也觉得委屈。

党的十八届四中全会提出，创新执法体制，完善执法程序，推进综合执法，严格执法责任，建立权责统一、权威高效的依法行政体制。

党的十八届四中全会的部署，为克服行政执法顽疾开出了治本药方。

2017年6月13日，开封市城市综合执法局挂牌，通过综合执法改革，整合多部门执法力量，实现城市管理和执法机构综合设置、行政处罚权集中行使。

住房和城乡建设部副部长　倪虹：

这样一来，大大提高了行政效率，它可以解决两个问题，一个问题就是出现的权力交叉，另外还有一种情况，出现管理上的真空。所以综合执法局的成立，既可以克服重复执法，又可以防止在执法上的管理真空。

习近平总书记反复强调，必须坚持法治为了人民、依靠人民、造福人民、保护人民。

政府全面依法履职，就是要认真践行执法为民理念，寓执法、管理于服务之中，为老百姓和企业提供更好的服务。

在宁夏银川市民大厅，透明的玻璃柜里，59枚刻印着发改、建设、食药、文广、工商等主管部门名号的审批专用章，被两张封条彻底封存，这代表着银川市"行政审批多头跑路"历史的终结。

2016年7月13日，就在银川市民大厅，审批人员将一张食品经营许可证交到一家外资企业工作人员蒋丹的手中，而就在头一天下午4点，蒋丹才将所有的申报材料递交到银川市行政审批服务局，如此高效正是得益于当地政府过去两年多来先后6轮审批"瘦身"。

某连锁企业公共事务部　蒋丹：

我整个的感受是，银川的行政审批流程非常的清晰，在这样一个良好的投资环境下，我们要加大在银川的投资。

怎么证明"我妈是我妈"，曾一石激起千层浪。各类"奇葩证明""循环证明"，给人民群众造成诸多不便。国务院办公厅印发《关于简化优化公共服务流程方便基层群众办事创业的通知》，努力解决群众办证多、办事难的问题，凡是没有法律法规依据的证明和盖章环节，原则上一律取消。

民之所望，施政所向。简政放权、放管结合、优化服务，既是政府转变职能的重要方式，更是推进建设法治政府的重要抓手。

党的十八大以来，国务院部门累计取消行政审批事项618项，"非行政许可审批"概念成为历史；国务院各部门设置的职业资格削减70%以上，中央层面核准的投资项目数量累计减少90%，大大激发了社会活力。

这位1990年出生的年轻人叫王伟骏，2015年在华侨大学读研究生的他就有了创业的打算,但缺少公司登记所需的地址和资金,按照当时的规定无法注册公司。

为更好服务企业,泉州市政府推出一系列举措简化工商注册手续,为王伟骏这样的创业者提供了便利。

在完成网上申报后的第三天,王伟骏拿到了自己公司的营业执照。

青年创业者　王伟骏:

如果用三个形容词来形容就是最简捷、最高效、最便宜。我们在一楼的行政服务大厅里面就可以把税务工商还有银行甚至包括其他相关的政府行政服务全部一站式搞定。

只有把束缚老百姓手脚的绳索都解开了,才能真正发挥13亿人的聪明才智和创造力。

"让数据多跑路、让群众少跑腿。"信访部门网上受理信访,实现业务全覆盖、信息全录入、数据全生成、办理全公开,依法回应群众的诉求;公安机关全面推行异地办理身份证件,网上办理出入境证照、驾照换领等在线业务,简化办理程序,缩短办理时限,为群众办事创业提供新便利。"利企便民"已内化为各地各部门依法行政的重要理念,更多便民措施陆续出台。

权力永远是一把双刃剑,行使得好,可以服务人民、造福社会;一旦滥用,又会侵害群众权益,损害公共利益。建设法治政府,就要强化对行政权力的制约和监督,确保其在法治的轨道上运行。

习近平总书记：

要全面推进政务公开，强化对行政权力的制约和监督，建立权责统一、权威高效的依法行政体制。

政府的权力来自人民，政府行使权力，要受到人民群众的监督。

70岁的罗昌友是大关镇上德高望重的老住户，他对每家的状况如数家珍。除了理发匠的身份外，老罗还是大关镇的一名政务公开监督员。

2016年，老罗发现，大关镇公布的高龄老人补助名单上没有93岁的李玉芬老人。他马上把这个问题反馈给镇政府。

通过调查核实，老罗反映的情况属实，村干部由于工作疏忽，统计漏报，致使李玉芬老人没有领到2016年的补助金。镇党委会研究决定，及时将李玉芬老人纳入补助对象，2100元补助金全额补齐，并给予相关责任人党内警告处分。

贵州省黔西县大关镇政务公开监督员　罗昌友：

你既然帮助政府做这种监督，你就要尽到监督的职责，你不要不作为、乱作为、慢作为。

阳光是最好的防腐剂。政务公开，是近年来各级政府力推的法治政府建设的一项重要举措。

2016年2月，中共中央办公厅、国务院办公厅发布《关于全面推进政务公开工作的意见》。意见强调，公开透明是法治政府的基本特征，要求各级政府坚持以公开为常态、不公开为例外，推进行政决策公开、执行公开、管理公开、服务公开和结果公开，打造法治政府、创新政府、廉洁政府和服务型政府。

国务院办公厅政府信息与政务公开办公室主任　向东：

通过推进全过程的公开，来有效地监督约束政府权力的运行，既能促进社会的公平正义，也有力地推动了廉洁政府、法治政府和服务型政府的建设。

审计是国家治理的"免疫系统"，是行政权力监督体系的重要组成部分。党的十八大以来，党中央、国务院作出决策部署，不断完善审计制度，充分发挥其在推动重大决策落地生效、监督约束行政权力、促进依法行政严格执法等方面的重要作用。

检查重大项目落地、重点资金保障、简政放权推进、重大政策落实、风险防范情况，是政策落实跟踪审计的五大抓手。近年来，审计署对31个省区市、30多个中央单位进行了审计，定期向社会公告审计结果，一大批违法违规问题得以发现和查处，有力地规范了行政权力的依法运行。

在全方位开展审计工作的同时，从2014年起，国务院连续4次部署开展全国大督查，针对重大项目建设拖期、财政资金沉淀、土地闲置、保障房空置、涉企乱收费以及挪用扶贫、医保资金等政策落实中存在的突出问题，共问责和处理2500余名责任人。通过政府自我监督，推动各地区、各部门依法履职，不断提升政府公信力和执行力。

国务院法制办公室副主任　钱锋：

加快建设法治政府，就是要进一步规范行政权力的配置和运行，扎紧制度的笼子，保证有权必有责、有责要担当，使我们的政府在履职尽责的时候不越位、不错位、不缺位，真正做到在法治的轨道上开展工作。

建立健全权力运行监督体系，是建设法治政府的重要保证。

加强党内监督、人大监督、民主监督、行政监督、司法监督、审计监督、社会监督、舆论监督。如今，我国正在构建一套全方位、立体化的科学有效的权力运行制约和监督体系，把权力关进制度的笼子，让一切权力循法而行。

严格依法行政、依法办事，是一场治理的革命，也是理念的革命。当全面深化改革有了法治思维和法治方式，当解决问题用法、化解矛盾靠法成为自觉选择，法治的引领和规范，必将不断提高我们的执政能力和执政水平，人民群众也将收获更多实实在在的福祉。

习近平总书记：

老百姓异地办理身份证不用来回奔波了，一些长期无户口的人可以登记户口了，很多群众有了自己的家庭医生，每条河流要有"河长"了……这一切，让我们感到欣慰。

政府，既是人民的公仆，也要成为守法的榜样。在全面推进依法治国的今天，政府厉行法治的示范作用尤为关键。全面小康的脚步渐行渐近，人民群众的期待殷切而热烈。雄关漫道，砥砺前行。让我们不忘初心，不懈奋斗，加快建设法治政府，努力建设社会主义法治国家！

第四集

公正司法（上）

第四集《公正司法（上）》完整视频

獬豸，中国古代传说中的神兽，能辨是非曲直，自古以来被人们视为公正的象征，代表了人们对公平正义的向往。

中国共产党人在长期的奋斗历程中，始终致力于维护和促进社会公平正义，公平正义，是社会主义法治的价值追求。

司法，是维护社会公平正义的最后一道防线。司法公正对社会公正具有重要引领作用，司法不公对社会公正具有致命破坏作用。

习近平总书记：

我们要依法公正对待人民群众的诉求，努力让人民群众在每一个司法案件中都能感受到公平正义。

努力让人民群众在每一个司法案件中都能感受到公平正义！这是我们党维护社会公平正义的铮铮誓言，也是衡量司法工作成败的关键标尺。党的十八大以来，司法体制和工作机制的改革均以此为目标，各项司法工作都为此而努力。

公正是司法的生命线。随着社会主义法治建设的不断推进，中国特色社会主义司法制度不断完善，为公正司法提供了制度保障。然而，由于各种原因，司法不公的现象仍时有发生，人民群众对此反映强烈。

习近平总书记就党的十八届四中全会决定起草情况向全会作说明时指出，当前，司法领域存在的主要问题是，司法不公、司法公信力不高问题十分突出，一些司法人员作风不正、办案不廉，办金钱案、关系案、人情案，"吃了原告吃被告"，等等。

习近平总书记指出，司法不公的深层次原因在于司法体制不完善、司法职权配置和权力运行机制不科学、人权司法保障制度不健全。

要消除这些导致各种司法不公、司法腐败的深层次原因，就必须深化司法体制改革。

在这次全会通过的决定中，提出了保证公正司法、提高司法公信力的6个方面111项改革部署，而一年前的党的十八届三中全会，则从确保依法独立公正行使审判权检察权、健全司法权力运行机制、完善人权司法保障制度等3个方面，提出了18项司法体制改革任务。

一场司法领域触及灵魂的自我革命，就此拉开大幕。

司法体制的改革是一项系统工程，涉及方方面面。改什么，从哪里改起？

2014年1月，习近平总书记在中央政法工作会议上强调，建立符合职业特点的司法人员管理制度，在深化司法体制改革中居于基础性地位。2015年3月，习近平总书记在中共中央政治局第二十一次集体学习时再次提出，要紧紧牵住司法责任制这个牛鼻子，凡是进入法官、检察官员额的，要在司法一线办案，对案件质量终身负责。

改革的主攻方向就此明确：以司法责任制改革为切入点，发挥牵一发动全身的功效，带动整个司法体制改革次第前行。

过去，我国司法管理体制和司法权力运行机制中存在一些不符合司法规律的问题，特别是司法行政化问题突出，院庭长像行政领导一样审批案件，导致审者不判、判者不审，权限不清、责任不明。

中央司法体制改革领导小组办公室副主任　姜伟：

司法责任制，是司法体制改革的基础性标志性的改革举措，具有综合性系统性强的特点，司法责任制改的是体制机制，就是要把司法责任落实到人，谁办案谁负责。

司法责任制改革，以司法人员分类管理、完善司法责任制、健全司法人员职业保障和推动省以下地方法院检察院人财物统一管理等4项改革为主要内容，瞄准的正是司法体制机制中存在的突出问题，通过改革确立新的体制机制，实现"让审理者裁判、由裁判者负责"。由于改革事关重大，中央决定在部分省市先行试点。

员额制，是整个司法责任制改革的基石。通过员额制改革，把司法队伍中的优秀人才选入员额，实现法官检察官队伍的正规化、专业化、职业化，入额就要办案，办案就要负责。

上海，是司法责任制改革第一批7个试点省市之一，也是甘当司改"燃灯者"法官邹碧华生前工作的地方，他参与起草的《上海市高级人民法院司法体制改革试点工作的实施方案》修改稿上，密密麻麻的修订，记录了改革的探索历程。

上海市高级人民法院院长　崔亚东：

我们力求这个方案，符合中央的顶层设计，符合上海的司法实际，同时，又是可复制可推广的。

王亚琴，上海市第二中级人民法院审判监督庭法官，从事法院工作30多年的她，又要面临新的选择。按照改革要求，进入员额的标准是办案实绩。要不要通过新的遴选程序进入员额，到一线办案，她一直思考着，一时拿不定主意。

改革前，上海市第二中级人民法院有法官职务身份的人员274名，占全院总人数的50.6%。根据上海市首批员额不能超过33%的红线要求，二中院首批入额数仅有173人，意味着还有101名法官将不能入额。

上海市第二中级人民法院审判监督庭法官　王亚琴：

当时跟院领导交流了以后，我想作为一个老同志，首先要表明支持司改的一个态度。抛下其他方方面面的顾虑，首先应该去参加考试，不管这个结果如何。

为了让优秀的法官脱颖而出，上海市将考试设定为自愿报名、笔试、面试、民主测评和法官检察官遴选（惩戒）委员会的陈述答辩等5个环节，如同过五关斩六将。

上海市法官检察官遴选（惩戒）委员会主任　沈国明：

这次新设立这个遴选制度，也是希望遴选委员会在专业方面能够帮助把关，按照好中选优的原则来进行遴选，进一步提高法官检察官专业化的水平。

凭借30多年的办案经验、稳健的心理素质和扎实的功底，王亚琴最终顺利通过遴选面试，成为一名员额法官。

截至目前，司法人员分类管理改革已经在31个省区市和新疆生产建设兵团全面推开，省以下的法院检察院实现了全覆盖。司法人员分类管理改革以来，全国共遴选进入员额的法官12万多名、检察官9万多名，优质司法资源配置到了办案一线，为落实司法责任制打下了坚实基础。

青海西宁。作为青海省第一批考入员额的"90后"法官，李成玲感受到了司法责任制改革所带来的压力。

青海省西宁市城西区人民法院法官　李成玲：

因为之前有些自己拿不准的案子，可能就想，我就先这么写吧，写完以后反正有庭长、院长给我把关，我也不担心，但是现在每一份裁判文书撰写的时候，你要去收集大量资料，慎重地考虑裁判结果，无数遍地要进行核稿，所以法官责任心得到了很大的提升。

司法责任制的落实，权力和责任相统一，倒逼法官检察官提高自身专业能力和职业素养，办案由"过得去"向"过得硬"转变。2016年，在立案数大幅增长的情况下，全国法院一审服判息诉率达89.2%，审判质量明显提高。

问题牵引改革，而改革又不断发现问题、解决问题。

随着司法责任制改革的推进，一个影响改革质效的新问题浮出水面。

最高人民检察院副检察长　李如林：

由于各种原因，检察机关的机构突出表现为有些机构过多、重叠，只有减少机构，减少领导干部的员额，才能够充分发挥检察官的职能作用，充分调动他们的主观能动性，从而更进一步地提高工作效率，提高办案质量。

要使员额法官检察官真正回归办案一线，就必须向内设机构开刀，"拆庙减官"。

吉林省检察院推行"大部制"改革，将原来的34个局（处室）整合为"九部一委"，使原来的"行政官"，回归为检察官，一线办案力量大大增加。

吉林省人民检察院检察长　杨克勤：

通过机构改革加之员额制的改革落实责任，人人感到肩上有责任，办理案件人人高度负责，责任心也提升了，所以办案更加公正了。

健全司法人员职业保障和推动省以下地方法院检察院人财物统一管理，是司法责任制改革的重要方面。按照中央统一部署，建立司法人员职业保障制度，解决了法官检察官的晋升和待遇问题，进一步拓宽了司法人员的职业发展空间。而同步推行的省以下法院检察院人财物统一管理改革，对于确保法院、检察院摆脱地方干扰、公正办案具有深远意义。

改革落地，效果初显。目前，上海、浙江、青海等地由法官、合议庭直接裁判的案件达到98%以上，由检察官审查起诉的公诉案件占90%以上。在总编制没有增加的情况下，全国基层法院、检察院85%以上的司法人力资源配置到办案一线，办案力量增加了20%以上，人均办案数量增长20%以上，结案率上升18%以上。

审判，是法官开庭审理案件并作出裁判的活动。无论是我国古代州官县令升堂问案，还是西方国家法庭的对抗式诉讼，两造当庭对质、言辞辩论都不可或缺。

在我国刑事诉讼制度构造中，审判作为对案件作出最终裁判的程序，是守护司法公正、防范冤假错案的关键环节。但是，在审判实践中，仍然存在办案人员对法庭审判重视不够的现象，一些进入庭审的案件，有的关键证据没有收集或者没有依法收集，有的没有达到"案件事实清楚、证据确实充分"的法定要求，使庭审的作用无法得到充分发挥。

党的十八届四中全会提出推进以审判为中心的诉讼制度改革任务。习近平总书记指出，全会决定提出推进以审判为中心的诉讼制度改革，目的是促使办案人员树立办案必须经得起法律检验的理念，确保侦查、审查起诉的案件事实证据经得起法律检验，保证庭审在查明事实、认定证据、保护诉权、公正裁判中发挥决定性作用。

2015年3月31日，一起刑事案件在成都市青羊区人民法院开庭审理。两名被告人在盗窃电动车的过程中被抓获，其中一名被告人曾某，因被捕时手持刀具，被检察机关以抢劫罪提起公诉。

被告人　曾某：

当然盗窃罪我肯定认，抢劫罪我就没有认。

检察机关指控被告人曾某涉嫌抢劫罪，而曾某的辩护律师则认为曾某只构成盗窃罪。抢劫罪与盗窃罪在性质和量刑方面都截然不同，抢劫罪名一旦成立，被告人的刑罚将大大加重。此时，庭审就成为查明事实真相的关键。

成都市青羊区人民法院刑事审判庭庭长　朱传明：

到底曾某逃跑的时候是不是使用了刀具抗拒抓捕，这就是一个从盗窃转化为抢劫的关键的事实。

2015年2月，成都法院系统探索开展以审判为中心的刑事诉讼制度改革试点，推行庭审实质化。按照庭审实质化要求，在法庭调查阶段，关键证人必须到庭。

在这起案件中，现场目击证人都无法明确说出案发时被告人手中的刀究竟是打开状态还是关闭状态。被告人曾某供述，这把刀是他偷盗电动车时，用来割断锁具的工具，并没有想过用这把刀去伤害别人。

专家证人：

固定了以后，它就扳不动了，它必须有个卡口，这样才能扳动，如果不了解这个刀的结构，确实单手很不容易打开。

成都市青羊区人民法院刑事审判庭庭长　朱传明：

单手是不好打开的，那么事实上刀到了地上的那种状态，它不是这样的，如果你双手打开的话，你才有可能对人家实施威胁。

法庭最终认定被告人曾某构成盗窃罪，判处有期徒刑8个月。

被告人　曾某：

当时我都认为自己肯定要多判几年，逃不脱了，我恨不得当场给审判长跪下，给他磕个头。

从抢劫罪改为盗窃罪，被告人曾某得到了应有的公正判决。

成都市青羊区人民法院刑事审判庭庭长　朱传明：

这就是庭审实质化的魅力所在。有的辩护人说，那是刑辩律师的春天到了，应该说法律公正的春天到了。

中国政法大学副校长　马怀德：

审判为中心，实际上是一个突出司法权威，确保审判程序的合法化、正当化，防止非法证据进入最后的裁判结果的这样一个重要的诉讼制度改革。这个诉讼制度改革对于防范冤假错案，对于排除非法证据，对于确立审判的高标准，我觉得都会有非常重要的意义。

为适应以审判为中心的刑事诉讼制度改革，公安机关探索建立执法办案管理中心，实行案件集中讯问、全程闭环、全程监督的办案新模式，在规范的讯问场所讯问犯罪嫌疑人，并全程录音录像。这些新措施，将有效防止刑讯逼供等非法取证行为，保证证据的合法性。

刑事案件中，统一公、检、法三家的证据证明标准，十分重要，可以防止违反法定程序的案件进入审判程序。

贵州省公检法单位运用大数据技术，总结同类案件的证据要素，形成各类案件在侦查、审查起诉、审判每一个诉讼环节的不同诉讼证据标准指引，为办案人员审查证据提供了指引规范。

2016年5月，贵阳市花溪区发生一起故意杀人案。

侦查员取得了嫌疑人的认罪供述、作案动机、抛弃作案工具的描述等证据。

贵阳市公安局经济技术开发区分局刑侦大队大队长　武长文：

以前来讲，我做完了，人交代了，案件就破掉了，但是和现在的司法体制改革是违背的，程序可能更重要，因为每一个程序的合法性，才能够印证你取到证据的合法性。

运用证据标准指引，公安法制部门在审核证据时发现，缺乏作案工具上的DNA检测报告，需要进一步侦查取证。

最终，侦查员在嫌疑人作案后藏匿的衣服上，检测出了被害人血液和DNA，嫌疑人被批准逮捕。

以审判为中心的刑事诉讼制度改革，改变了司法工作中许多传统的思想观念和工作方式，推动了刑事司法文明稳步提高，司法公正得到更好保障。

英国哲学家培根曾经说过："一次不公正的审判，其恶果甚至超过10次犯罪。因为犯罪虽是无视法律——好比污染了水流，而不公正的审判则毁坏法律——好比污染了水源。"习近平总书记曾多次引用培根这段话，其中的道理十分深刻。

1992年12月25日晚7时许，海南省海口市上坡下村109号发生一起杀人焚尸案。案发两天后，29岁的陈满被警方抓获并认定为凶手。1994年3月23日，海口市中级人民法院以杀人放火罪判处陈满死刑，5年后，海南省高级人民法院维持原判。陈满坚称蒙冤，其家人也一直帮他申诉。

2015年2月10日，最高人民检察院以海南省高院对陈满案的裁定"认定事实错误，导致适用法律错误"为由，向最高人民法院提出抗诉。2015年4月27日，最高人民法院指令浙江省高级人民法院异地再审。一年后，蒙冤24年的陈满等来了正义的判决。

原审被告人陈满无罪。

一起冤假错案的纠正，就是一次司法公正的彰显。

习近平总书记：

不要说有了冤假错案，我们现在纠错会给我们带来什么伤害和冲击，而要看到我们已经给人家带来了什么样的伤害和影响，对我们整个的执法公信力带来什么样的伤害和影响。我们做纠错的工作，就是亡羊补牢的工作。

陈满案、呼格案、聂树斌案……党的十八大以来，司法机关先后纠正了一系列重大错案。人民群众从一次次防范和纠正冤假错案的举动中，感受到党中央对建设公正高效权威社会主义司法制度的坚定决心，感知到司法在改革中迈向公平公正的坚实脚步。

2013年，中央政法委出台关于切实防止冤假错案的指导意见，最高人民法院、最高人民检察院、公安部也分别出台相关意见，针对近几年查处纠正冤假错案中暴露出来的深层次问题，在司法理念、机制、措施等方面提出防范和改进的办法。

党的十八届四中全会进一步提出，完善对限制人身自由司法措施和侦查手段的司法监督，加强对刑讯逼供和非法取证的源头预防，健全冤假错案有效防范、及时纠正机制。

彭少勇，河北省保定市人民检察院副检察长，2014年3月，一起案件的审查让他心头一震。

2014年3月，河北省保定市顺平县发生一起命案，报案人王玉雷被公安机关认定为犯罪嫌疑人，并提请检察院批准逮捕。可翻看卷宗，彭少勇隐隐觉得案情有些蹊跷。

河北省保定市人民检察院副检察长　彭少勇：

仅作案工具就说了3种，没有血迹鉴定，没有痕迹鉴定，又没有现场证人。

检察官提审王玉雷，更多疑点浮出水面。

检察官：是你杀的吗？

王玉雷：是我杀的。

检察官：是你杀的也跑不了你，不是你杀的也冤枉不了你，你要相信咱们的法律。

王玉雷：我说实话我没有杀。

检察官：那没杀为什么承认呢？

王玉雷：我也说不上来了，我给谁说谁也不相信，人家说铁证如山，你跑不了。

面对重重疑点，彭少勇当机立断，对案件提出3个不足信。

河北省保定市人民检察院副检察长　彭少勇：

认定王玉雷作案时间不足信，有罪口供不足信，有罪不足信。

随后检察院迅速启动了引导侦查机制，提出9点补充侦查意见。公安机关重新对重要涉案证据进行排查，锁定了犯罪嫌疑人王斌，杜绝了一起冤假错案的发生。

证据是诉讼之王，非法证据是刑事诉讼中的"毒果"。为了排除非法证据，2017年6月，"两高三部"联合发布《关于办理刑事案件严格排除非法证据若干问题的规定》，为从源头上杜绝非法证据的产生提供了制度保证。

位于深圳的最高人民法院第一巡回法庭的审判庭，法庭的出口，分别是律师和当事人的休息室。在这里，律师有专门的更衣间，他们和公诉人使用同一个通道进出法庭，律师的各项执业权利，在这里都得到了充分保障。

党的十八届四中全会决定强调，强化诉讼过程中当事人和其他诉讼参与人的知情权、陈述权、辩护辩论权、申请权、申诉权的制度保障。

司法部副部长　熊选国：

保障律师执业权利水平如何，不仅关系到当事人的合法权益能否得到有效的维护，更是关系到律师的作用能否得到有效的发挥，关系到国家的法律能否得到准确实施，是一个国家民主法治的重要标志。

律师在维护司法公正中具有重要作用。

2015年9月15日，习近平总书记主持召开中央全面深化改革领导小组第十六次会议，会议审议通过了《关于深化律师制度改革的意见》，意见中对保障律师执业权利提出了明确要求。随后，最高人民法院、最高人民检察院、公安部、国家安全部、司法部出台《关于依法保障律师执业权利的规定》，着重对长期困扰律师执业的会见难、阅卷难、调查取证难，以及发问难、质证难、辩论难提出了解决办法。

律师　刘宏辉：

总体上，我们国家的法治环境越来越好了。特别是我们律师的权益保障提高了之后，律师的作用越来越明显了，会见、阅卷越来越容易，代理、辩护意见越来越能得到法院的尊重和认可，有更多的当事人愿意委托律师帮助他们解决问题。

保障犯罪嫌疑人的合法权利，是人权司法保障的一个重要方面。看守所是羁押犯罪嫌疑人的特殊执法机关，看守所管理的规范程度，反映了对犯罪嫌疑人的人权保障水平。

近年来，公安部门采取一系列措施，实施新的《看守所建设标准》，进一步规范看守所的监督、管理；保障犯罪嫌疑人的饮食健康，为在押犯罪嫌疑人提供医疗保障，配备驻所医生并每日巡诊；建设法律援助中心驻看守所工作站，建立预防和打击牢头狱霸的长效机制等，犯罪嫌疑人的合法权利得到更加充分的保障。

一起刑事案件，不仅仅涉及对犯罪嫌疑人的强制措施，往往还涉及涉案财物的处置。

现实中，一些办案机关在处置涉案财物方面存在随意性，侵害了当事人正当的财产权利，也给司法公信力造成了负面影响。对此，党的十八届四中全会提出，规范查封、扣押、冻结、处理涉案财物的司法程序。

2017年1月，中央政法工作会议提出，对涉嫌违法的企业和人员，要依法慎重决定是否采取拘留、逮捕和查封、扣押、冻结等强制措施，最大限度减少对企业正常生产经营的不利影响。

党的十八大以来，人权司法保障各个领域的变化和进步，如一股股涓涓细流，汇合成为一股彰显司法公正、提升司法公信的大潮。

权力干预司法，是长期影响司法公正的顽疾。在2014年的中央政法工作会议上，习近平总书记对此进行了严厉批评。他说，一些党政领导干部出于个人利益，打招呼、批条子、递材料，或者以其他明示、暗示方式插手干预个案，甚至让执法司法机关做违反法定职责的事。

对此，习近平总书记强调，要着力解决领导机关和领导干部违法违规干预问题。

党的十八届四中全会决定明确提出，各级党政机关和领导干部要支持法院、检察院依法独立公正行使职权。建立领导干部干预司法活动、插手具体案件处理的记录、通报和责任追究制度。

2015年2月27日,中央全面深化改革领导小组第十次会议审议通过了《关于领导干部干预司法活动、插手具体案件处理的记录、通报和责任追究规定》。2016年2月1日,中央政法委公开通报7起领导干部干预司法活动、插手具体案件处理和司法机关内部人员过问案件的典型案件。这是印发规定以来,第二次公开通报领导干部干预司法的案例。

中央纪委副书记、监察部部长　杨晓渡:

党的十八大以来,中央对防止党员领导干部插手和干预司法活动高度重视,先后制定了一系列的制度规定。在当前全面从严治党的大背景下,一定要严格落实党纪处分条例,促进党员领导干部带头遵守宪法法律,支持司法机关依法独立公正行使职权,为社会主义法治国家建设营造风清气正的良好环境。

这是一道权与法间的"高压线"。它不仅为领导干部划定了红线,也让司法人员增强了抵御权力干扰的勇气。

与此同时,中央政法机关出台司法机关内部人员干预过问案件规定,在司法机关内部筑起了一道防止干预司法的"防火墙";制定规范司法人员与当事人、律师、特殊关系人、中介组织相互关系的规定,在司法人员与当事人、律师等之间架起了防止司法勾兑和利益输送的"隔离带"。

刑罚执行,是实现刑事司法正义的最后环节,也是容易滋生司法腐败的领域。

近年来,广东省江门市原市委常委、副市长林崇中,广东健力宝集团原董事长、总裁张海等通过权钱交易,违法暂予监外执行、假释等案件被媒体披露，引发社会各界的关注。

2014年1月，中央政法委发布《关于严格规范减刑、假释、暂予监外执行切实防止司法腐败的意见》，对可能出现的司法腐败问题进行制度上的约束。

最高人民法院、最高人民检察院、司法部开展清理整治。2014年至2015年，全国法院对不符合暂予监外执行条件、违反暂予监外执行规定和暂予监外执行情形消失的3412名罪犯依法予以收监执行。

最高人民法院、最高人民检察院、司法部联合发出通知，要求在2017年年底以前，全国监狱与法院、检察院基本建成互联互通的减刑假释信息化办案平台。

司法部监狱管理局局长　王进义：

对执法办案和考核奖惩中的重要事项、重要环节实行网上录入、信息共享、全程留痕，最大限度地减少和防止人为的不规范因素。

2016年12月2日，根据最高人民法院决定，最高人民法院第二巡回法庭依法对聂树斌案作出再审判决，宣判聂树斌无罪。

聂树斌案再审宣判：

原审被告人聂树斌无罪，本判决为终审判决。

聂树斌案，是最高人民法院第二巡回法庭办理的一件广受社会关注的案件。最高人民法院设立巡回法庭，是党的十八届四中全会作出的重大改革部署。2015年1月，最高人民法院在深圳设立第一巡回法庭，在沈阳设立第二巡回法庭，作为最高人民法院派驻地方的常设审判机构，巡回法庭审理跨行政区域重大行政和民商事案件。

最高人民法院第二巡回法庭庭长　胡云腾：

重大的案件都由巡回法庭来审理，能够排除可能发生的地方因素的干扰。所以它对提高司法公信力，保证党中央提出的公正司法，实现习近平总书记提出的"努力让人民群众在每一个司法案件中都能感受到公平正义"具有重要的意义和价值。

2016年年底，经中央批准，最高人民法院在南京、郑州、重庆、西安增设了4个巡回法庭，实现了巡回法庭合理布局。群众称之为"家门口的最高人民法院"。

为解决诉讼"主客场"问题，立足于建立与行政区划适度分离的司法管辖体制，跨行政区划的人民法院和人民检察院相继成立，保障依法独立行使审判权、检察权。

为应对知识产权领域案件数量迅猛增长的新情况，根据党的十八届三中全会的部署，2014年，北京、上海、广州知识产权法院相继成立，3年来，已累计审理各类知识产权纠纷案件33000多件，对于有效保护权利人合法权益，促进知识产权运用，激励和保护技术创新，发挥了突出作用。

2017年7月10日，全国司法体制改革推进会在贵阳召开。习近平总书记作出重要指示，对司法体制改革取得的成绩给予高度评价。习近平总书记强调，全国政法机关要按照党中央要求，坚定不移推进司法体制改革，坚定不移走中国特色社会主义法治道路。

司法体制改革的总蓝图，是以习近平同志为核心的党中央绘就的。改革永远在路上，只有进行时，没有完成时。一茬接着一茬干，一张蓝图干到底，宏伟的蓝图就一定能化为美好的现实，公平正义的阳光将不断照进人民群众的心田。

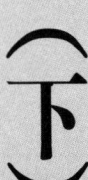

第五集

公正司法（下）

第五集《公正司法（下）》完整视频

民惟邦本，本固邦宁。人民安居乐业，国家才能安定有序。一切为了人民，作为中国共产党建设法治中国的出发点和落脚点，体现了人民在全面推进依法治国中的主体地位，是一座引领法治中国建设航船不断前行的鲜明航标。

2013年2月23日，在中共中央政治局第四次集体学习时，习近平总书记提出，要坚持司法为民，改进司法工作作风，通过热情服务，切实解决好老百姓打官司难问题。

2014年10月，党的十八届四中全会通过的决定中，鲜明地提出"坚持人民司法为人民，依靠人民推进公正司法，通过公正司法维护人民权益"。

党的十八大以来，司法为民理念贯穿于法治中国建设全过程，司法机关从让人民群众满意的事情做起，从人民群众不满意的问题改起，让公平正义渗透到人民群众工作生活的各个方面，让每个公民都能感受到公平的护佑、正义的阳光。

利民之事，丝发必兴。在推进全面依法治国进程中，司法机关进一步创新体制机制，推出更加透明、更加便民的"阳光司法"新举措，让司法公正体现在每一起具体案件中，更体现在当事人和人民群众的切身感受中。

2014年冬天，北京市通州区人民法院立案庭门口，群众排队等候立案。

律师　唐春林：

当时通州法院立案的人特别多，我是早上4点半起来排队，到立案窗口拿号一看，拿了一个70多号，上午立案肯定没戏，还得等到下午才能立上。

"门难进""脸难看""事难办"，过去一提起打官司，老百姓往往会联想到这"三难"。

要使整个司法渠道畅通，更好地保障百姓的诉讼权益，就要进一步改革制度。

按照中央部署，从2015年5月1日起，全国法院全面实施立案登记制，对依法应当受理的案件，要求有案必立、有诉必理。

律师　唐春林：

之前一个案子得跑两三趟，才能立上，但是现在我一天能立十几个案子，办起案子来效率提高了很多。

从以往的"立案审查制"到现在的"立案登记制"，两字之差，降低的是当事人的诉讼门槛，保障的是当事人的基本诉权，收获的是当事人的司法信心。

老张在北京市通州区潞县镇的一个建筑工地工作，他和10多位工友的血汗钱迟迟不能兑现。怀着忐忑的心情，老张来到通州区人民法院寻求帮助。

北京市通州区人民法院立案庭法官　何琳：

你有没有什么证据能够证明你是在通州给他干的这个活？

出乎意料，简单明了几个步骤，老张立案成功。

实行立案登记制之后，北京市通州区人民法院采取预约立案、网上立案等多种便民措施，2016年全年收案6万多件，案件增长了，来立案的群众排的队伍却越来越短了。

北京市通州区人民法院立案庭庭长　于俊平：

让大量的纠纷通过正当的途径、法律的途径来解决，避免这些基本的司法需求受到压抑之后，产生私力救济的一些影响，会动摇社会的稳定基础。

实行立案登记制以来，全国法院一审受案数由2014年的1500多万件增加到2016年的2300多万件，95%的案件当场立案。曾经让百姓慨叹多年的立案难，如今已成过去时。

最高人民法院副院长　李少平：

立案登记制改革以后，我们进一步完善诉讼服务大厅、诉讼服务中心，使司法为民更加规范，更加具体，总体上绝大多数的老百姓打官司再也不存在立案难了，从长远来看，对我们国家的法治建设、司法制度的完善，都具有很重要的意义。

公正是司法的生命，效率影响司法形象。随着立案登记制的实施，法院受理案件数量大幅上升，案多人少矛盾愈加突出。

如果人民群众在诉讼过程中花费的时间、精力和经济成本过高，同样有悖公正。司法机关不断探索新机制，优化配置司法资源，司法效率和公正得到双提升。

庭审现场：

深圳市福田区人民法院根据《中华人民共和国民事诉讼法》相关的规定……

今天的庭审，伍建卿法官将一次性审理7宗案件。

在深圳市福田区人民法院收受的案件中，金融借款合同纠纷案件数量众多，该类案件的原告一般是银行等金融机构，被告是小额贷款的个人，由于案情简单、证据规范、被告人数众多，法官可以对此类案件在庭审前集中核对证据，庭审时简化流程、集中审理。伍建卿法官就曾经创造了在一天之内开庭审理7批共170多宗案件的纪录，其中一次开庭就审理了90宗案件。

深圳市福田区人民法院法官　伍建卿：

原来5个法官开5次庭，现在就变成我一个法官开一次庭，所以在送达和开庭这一块节约了大量的时间。

繁简分流，就是根据案件情况，选择适用适当的审理程序，实现简案快审、繁案精审，努力以更小的司法成本，更好更快办理更多案件，让更多人民群众感受公平正义。

繁简分流，"简"去的，是简单案件中的重复烦琐，是老百姓的司法诉累；不减的，是对司法当事人合法诉讼权利的有力维护，是对公正高效权威的严格要求。

2015年8月,北京市民高某因涉嫌交通肇事罪被刑事拘留,两周后高某被批准逮捕。如果按照刑事诉讼法规定的普通程序,高某要在看守所里待上半年左右。高某刚到看守所的第三天,律师徐卫平就找到他说了一件事,高某一下子看到了盼头。

律师 徐卫平:

你同意速裁程序,是吗?

高某:

他问我同不同意走这个速裁程序,说速裁程序比原来那个程序反而要快,我说同意。

刑事速裁程序是一种全新的刑事诉讼程序,也是刑事诉讼的快车道。这种程序适用于事实清楚、被告人自愿如实认罪、真诚悔罪认罚、接受检察机关量刑建议的盗窃、诈骗、危险驾驶等轻微刑事案件。北京市海淀区人民法院正是刑事速裁程序试点单位之一。

北京市海淀区人民法院法官 郑红艳:

以前这类案件移送到法院之后,被告人的羁押期限往往已经有4到6个月了,那么对于这些轻微刑事案件,法官在量刑的时候就非常被动,有可能最终判决的时候就关多久判多久。

启动速裁程序后,这起案件很快移送审查起诉。检察机关提起公诉的第二天,海淀法院便开庭审理并当庭宣判,判决被告人高某有期徒刑10个月,缓刑1年。

从2014年试点起两年里,试点法院速裁案件超过90%立案后10日内审结,被告人上诉率仅为2%,审判效果和诉讼效率明显提升，有效避免"刑期倒挂"现象，推动了当事人权利的有效保护。

2016年9月，十二届全国人大常委会在总结刑事速裁程序试点经验基础上，授权在北京等18个城市开展刑事案件认罪认罚从宽制度试点，至此，党的十八届四中全会决定提出的"完善刑事诉讼中认罪认罚从宽制度"迈出关键一步，为完善刑事诉讼程序制度，提升司法公正效率提供了实践基础。

张某来到福建省福清市打工，因与人发生口角，将人打成轻伤一级，构成故意伤害罪。2017年4月12日，张某与被害人达成和解协议，张某赔偿35000元，取得对方谅解。考虑到张某自愿认罪认罚，福清市人民法院在量刑上将对其从宽处理。

福建省福清市人民法院于2016年12月启动认罪认罚从宽制度试点工作，并推行法律援助值班制度，对没有辩护人的犯罪嫌疑人、被告人，值班律师会帮助其在认罪认罚过程中维护自身合法权益。

值班律师　谢廷芳：

我们值班律师享有阅卷权，也可以提前会见犯罪嫌疑人，犯罪嫌疑人签署这个认罪认罚具结书的时候，我们可以协助犯罪嫌疑人与公诉人在量刑建议这一块交换意见，来最大程度地保障犯罪嫌疑人的权利。

庭审现场：

本院认为，被告人（张某）故意伤害他人身体健康，致一人轻伤，其行为构成故意伤害罪，判决如下……

最终，福清市人民法院对张某从宽处罚，判决张某有期徒刑8个月，缓刑1年。

司法效率有提升，而公平正义不减分。司法机关采取的一系列提高办案质效的工作方法，在更高层次上实现了司法公正和司法效率的平衡。

法律的生命力在于执行。如果法院判决得不到有效执行，公民赢来的将是一纸"司法白条"，司法公正和权威难以彰显。如何破解执行难、保障当事人合法权益，已经成为人民群众广泛关切、司法机关迫切需要解决的问题。

7年前，正值花样年华的于亚楠，遭遇了一场突如其来的车祸。车祸之后，于亚楠因大脑严重受损，落下了一级伤残，生活完全无法自理。交警部门认定，肇事司机孙某承担此次事故的全部责任。最初，肇事司机孙某支付了几万元的医疗费，但仅仅3个月后，他就失去了踪迹。

于亚楠的母亲：

我们小孩是2010年4月10号出的事，7月份之前孙某都接电话，到后来就不接了。

此后，于亚楠的父母将肇事司机孙某告到了法院，但由于无法找到孙某，整整6年，于亚楠的父母也只是赢了官司却拿不到任何赔偿。

为破解法院执行过程中"被执行人难找、财产难寻"这一难题，2014年12月24日，最高人民法院执行指挥系统正式开通。这一举措标志着以执行网络查控为核心、覆盖全国法院的执行指挥系统正式运行。全国各级法院与中国人民银行等10多个部门以及3000余家银行业金融机构建立网络执行查控系统，对被执行人各种主要财产形式一网打尽，初步形成新的执行查控模式、财产变现模式和执行规范管理模式。

2016年8月，于亚楠案的执行法官，通过执行查控网发现了一条重要信息，肇事者孙某的妻子詹某，在一家公司缴纳了社保，通过这个信息，法官顺藤摸瓜，终于找到了孙某的住址。

孙某因拒不履行生效法律文书所确定的义务，被法院司法拘留。法官经过调查发现，6年里，孙某在家人的庇护下，想方设法避开了执行法官的追查，用父母的银行卡进行消费，日子过得有滋有味。最终，经过法官的批评教育，孙某与他的家人都表示愿意尽力配合法院的执行工作。

武汉市江岸区人民法院执行局执行员　李野：

在家人的帮助下，陆续地筹措了部分资金，分期到位，履行了本案整个57万多元的判决。

找准成因，攻克难题。为实现"用2到3年时间基本解决执行难"的目标，最高人民法院对欠债不还的失信被执行人频频发力整治。通过健全联合信用惩戒体系、出台网络司法拍卖等涉执行司法解释和规范文件、加大宣传曝光等综合措施，案件执行质效不断提升。

2016年6月，中央全面深化改革领导小组第二十五次会议审议通过了《关于加快推进失信被执行人信用监督、警示和惩戒机制建设的意见》。37项惩治"老赖"措施，让执行法官们的底气更足了。执行难,这一制约司法公正的"最后一公里"问题,正在得到有效破解。

在破解执行难的同时,各级法院完善包括先予执行在内的执行工作机制,着力保障当事人的合法权益。

2016年11月2日,云南省蒙自市居民侯春林的儿子侯玉平和儿媳李璎遭遇意外伤害,侯玉平死亡,李璎重伤。在欠下医院十几万元医疗费后,不得不出院回家进行保守治疗。为了解决事故赔偿问题,侯春林决定向蒙自市人民法院寻求帮助。

云南省蒙自市人民法院副院长　何红芬:

我们接到原告的求助电话以后,决定上门立案,因为原告的家庭确实困难,来蒙自打官司的车旅费都负担不了了。

2017年5月18日,当云南省蒙自市人民法院的法官将先予执行的40万元执行款送到侯春林面前时,已经深陷困境的夫妻俩再也掩饰不住自己激动的心情,泣不成声。

侯春林夫妻俩怎么也没想到,自己家的官司在法院立案25天后,就先期收到了这笔全家人期盼的救命钱。

当事人　侯春林:

开始觉得一切都好像黑沉沉的,没有了希望。这次法院的同志亲自上门来帮我们解决了这个燃眉之急,让我们又看到了希望。

最高人民法院执行局局长　孟祥:

司法是维护社会公平正义的最后一道防线,而执行工作,则是这道防线的最后一个环节,是胜诉当事人实现权益的最终保障。

2016年，全国法院共受理执行案件614.9万件，执结507.9万件，同比上升均超过三成。执行到位金额1.5万亿元，同比增加五成以上。

执行，让法律不再无奈，让公平正义的司法之光真正点亮。

让每一位公民都享受平等的诉讼权利和公正的司法判决，法律援助是一项重要的制度安排。

党的十八大以来，我国法律援助工作取得长足发展，法律援助通过向缺乏能力、经济困难的当事人提供法律帮助，使他们能平等地享受法律保护。

2013年2月23日，习近平总书记在中共中央政治局第四次集体学习时强调，要加大对困难群众维护合法权益的法律援助。

2015年5月5日，中央全面深化改革领导小组第十二次会议审议通过《关于完善法律援助制度的意见》，对进一步加强法律援助工作，完善法律援助制度作出全新部署。

为落实习近平总书记提出的决不允许让普通群众打不起官司的要求，近年来，法律援助工作一直在提速。

法律援助热线电话：

喂，你好。

你好，我是12348热线的张伟律师，请问有什么法律问题需要咨询吗？

我丈夫是中山黄圃这边的……

2016年1月,广东省12348公共法律服务热线,接到刘秀莲的求助电话。12348服务热线立即指派中山市法律援助处帮助解决问题。吴桂焕,是中山市法律援助处的一名法律援助律师,他将免费为刘秀莲进行法律服务。

刘秀莲的丈夫一年前遭遇一场事故,经鉴定,构成一级伤残,生活不能自理。夫妻俩都是下岗工人,只能通过法律援助来争取自己的权益。

当事人 刘秀莲:

那个律师真的很辛苦,很贴心,去给我丈夫追回了90多万元,后续护理费又追回了23万元。我们真的很感谢中山市的法律援助。

广东省中山市法律援助处主任 徐双发:

通过法律援助律师的不断努力,让当事人得到了120多万元的经济赔偿,解决了他们的后顾之忧。

司法部法律援助司司长 白萍:

党的十八大以来,政府对法律援助的投入逐年增加,从2013年的16亿元,每年以10%以上的速度在增长,到了2016年达到了21.2亿元,同比增长了12%。

除了法律援助外,司法救助的力度也在不断加大。近年来,国家每年拿出20多亿元资金,对受到侵害但无法获得有效赔偿的当事人给予救助,帮助他们摆脱困境。

群众将享受到越来越多的法治红利,法治建设的获得感也将越来越强。

随着社会的发展，保护当事人自身权益的机制越来越完善，然而公共利益受到侵害谁来保障？公共利益无人管的"公地悲剧"现象如何避免？

党的十八届四中全会决定提出，探索建立检察机关提起公益诉讼制度。2015年7月1日，十二届全国人大常委会决定授权北京市等13个省区市检察机关开展为期两年的提起公益诉讼试点工作。

2016年2月29日，吉林省白山市人民检察院依法以公益诉讼人的身份，就白山市江源区中医院违法排放医疗污水，提起行政附带民事公益诉讼。

2016年7月15日，吉林省白山市中级人民法院判决白山市江源区中医院立即停止违法排放医疗污水。

这是十二届全国人大常委会授权检察机关提起公益诉讼试点工作后，全国首例行政附带民事公益诉讼案件。

最高人民检察院副检察长　张雪樵：

检察机关是宪法规定的法律监督机关，自然是被赋予了维护国家利益、社会公共利益的重要职责，同时，它是一个专业的诉讼机关，让它来提起公益诉讼，这是符合司法规律的。

试点工作开展两年期间，各试点地区检察机关共办理公益诉讼案件9053件，从源头上推动解决了群众反映强烈、对生产生活影响严重的老大难问题，为国家挽回直接经济损失89亿余元。

2017年6月，十二届全国人大常委会第二十八次会议对民事诉讼法和行政诉讼法作出修订，全面赋予检察机关提起公益诉讼权。根据修改后的法律，检察机关在生态环境和资源保护、食品药品安全、国有财产保护、国有土地使用权出让等领域，可以提起行政公益诉讼，督促行政机关依法履职；在生态环境和资源保护、食品药品安全等领域，可提起民事公益诉讼，追究涉事企业的民事责任。

检察机关提起公益诉讼制度的建立，有力地保护了国家利益和社会公共利益，将产生越来越深入广泛的制度性价值。

公安机关受立案是很多刑事案件司法程序的起点。现实生活中，群众遇到困难问题、矛盾纠纷，经常需要和派出所民警打交道。

陕西省榆林市市民杨波遇到了一件烦心事。他刚花2000多元买的山地自行车，在家门口居然不翼而飞。

杨波赶忙到派出所报案，警察当场受理了他的案件。

公安民警：

老乡，你的案件我们已经受理了，这是受案回执。

当事人　杨波：

报案当时派出所给我一个数字编号，第二天我就能在手机上随时看我的办案过程。

通过民警几天的不懈查找，终于将杨波的自行车找了回来，并且抓获了犯罪嫌疑人。

当事人　杨波：

以前咱们来到派出所报案，不知道找谁好，现在确实方便。

针对过去一些有案不接、接报案后不依法受案立案等问题，2015年12月，《公安部关于改革完善受案立案制度的意见》出台。意见明确规定，对于群众报案、控告、举报、扭送，违法犯罪嫌疑人投案，以及上级机关交办或者其他机关移送的案件，属于公安机关管辖的，公安机关必须接受，不得推诿。

截至目前，全国省级公安机关都已出台受案、立案改革实施意见，16个省级公安机关增设了案管机构，使受案立案工作更加规范、高效、便民、公开，提升了公安机关执法公信力。

阳光是最好的防腐剂。司法公开，可以有效促进公正廉洁司法，让群众看得见、感受得到司法的进步。党的十八大以来，我国司法机关以改革为动力，以信息技术为支撑，着力构建起开放、动态、透明、便民的"阳光司法"机制。

2014年1月，中央政法工作会议在北京召开。习近平总书记指出，要坚持以公开促公正、以透明保廉洁，增强主动公开、主动接受监督的意识，让暗箱操作没有空间，让司法腐败无法藏身。

2017年五六月间，受到社会高度关注的于欢案，从二审公开开庭审理到案件公开宣判，山东省高级人民法院用微博直播、法官答疑、接受媒体采访等方式进行了全程公开。

法官：

原审被告人于欢，犯故意伤害罪，判处有期徒刑5年，本判决为终审判决。

庭审公开让案件细节大白于天下，这起备受关注的重大案件审理，由全民热议的舆论焦点变成了一次全民法治公开课。

最高人民法院信息中心主任　许建峰：

首先第一个就打消了当事人对法院审判工作的那种神秘感，同时也让整个的审判活动实际上在人民群众的监督之下。

以司法公开倒逼司法公正，人民法院建设审判流程公开、庭审活动公开、裁判文书公开、执行信息公开四大平台。自2016年7月1日起，最高人民法院所有公开开庭的案件，原则上都通过互联网直播，各级法院直播庭审超过60万次，观看量超过20亿人次。中国裁判文书网公开裁判文书超过3000万份，访问量近百亿人次。中国裁判文书网已成为全球最大的裁判文书网。

全国检察机关已建成案件信息公开系统，正式运行案件程序性信息查询、法律文书公开、重要案件信息发布和辩护与代理预约申请等四大平台，实现检察机关"两微一端"和新闻发言人全覆盖，全面落实行贿犯罪档案公开查询，推行刑事诉讼案件公开听证。

2016年9月，中共中央办公厅、国务院办公厅印发《关于深化公安执法规范化建设的意见》，其中明确要求打造"阳光警务"。公安部出台有关规定，要求各级公安机关依法主动公开执法的依据、流程、进展、结果等信息。目前全国25个省区市建立运行了统一的执法公开平台。警务多公开一分，群众对公安机关的信任也多一分。

监狱，是国家刑罚执行机关，人们习惯把监狱与高墙、电网联系在一起，森严而神秘。怎样才能让刑罚执行权在阳光下运行，让司法公正的阳光照进高墙？

这是金华监狱一月一次的减刑假释刑事奖励评议。民警结合服刑人员刑事奖励评议结果及其一贯改造表现，集体研究确定提请减刑及减刑幅度，并在狱务公开栏中予以公示。浙江省金华监狱通过规范操作和狱务公开，从制度上规范民警自由裁量权，增强执法透明度，回应了老百姓所关注的热点问题。

浙江省金华监狱监狱长　陈森尧：

我们只有公开了，让外面的人能够监督我们的执法，里面的人也能够监督我们，这样双向公开，才能真正使我们司法的公信力得到提升。

司法公正，离不开人民群众的监督，也需要人民群众的参与。

党的十八大以来，习近平总书记主持中央全面深化改革领导小组会议，审议通过了《人民陪审员制度改革试点方案》和《深化人民监督员制度改革方案》，改革选任办法，扩大陪审案件、监督案件的范围，充分发挥人民陪审员、人民监督员作用。

目前，50家试点法院人民陪审员总数达15000多人，比改革前新增11000多人。试点法院全部人民陪审员中，基层普通群众占75%以上。全国新选任新一届人民监督员21000多名。

人民陪审员、人民监督员制度的改革，有利于保证司法权力运行的公正性，促进社会公正与司法公正的统一，同时也是司法民主、司法公开的重要形式和制度体现。

大鹏之动，非一羽之轻也；骐骥之速，非一足之力也。依靠广大人民群众的力量，公正司法的追求，就能始终贯穿于中国特色社会主义司法制度向前迈进的每一个足迹。

法官：

下面由原告就自己的主张举证。

随着庭审进行，法官和诉讼各方说的每一句话都被转化成文字，在电脑屏幕上自动生成符合要求的庭审笔录。这是浙江省桐乡市乌镇人民法庭正在使用的庭审语音智能识别系统。

当互联网等新技术与温暖人心的司法为民实践相结合，一系列积极的"化学反应"正在不断发生。如今，一些最前沿的科技，已经运用到了日常的司法实践当中，成为方便群众诉讼，促进公平正义的强大利器。

这是杭州市西湖区人民法院进行的网上开庭，法庭内，只有审判员萧方训和书记员两人，背景墙上的电视屏幕里，有两个人正不停地和法官对话。这是西湖法院审理的一起经济合同纠纷，案件双方当事人均在异地，经各方协商，此案以网上法庭的形式开庭，诉讼双方各自在居住地通过网上视频参与庭审。

杭州市西湖区人民法院法官　萧方训：

网上法庭受理的案件，它的效率更高，审理时间要大大缩短，当事人的满意度是很高的。

信息化、智能化的办案方式，让公正在便捷中轻松实现，也有助于解决新类型的矛盾纠纷。

近年来，互联网飞速发展，已经融入人们日常生活当中。

互联网给经济发展增添了强劲动力，给人们生活带来了极大方便，同时，也带来了潜在的法律风险。

律师　徐磊：

互联网领域的纠纷有其自身的特点，比如，当事人是通过网上交易，当事人双方距离可能比较遥远，产生的又是数据电文，当事人在取证、查证、固定证据上都与线下的世界有很大不同。

2017年6月26日，中央全面深化改革领导小组第三十六次会议，决定设立杭州互联网法院。这是司法主动适应互联网发展大趋势的一项重大制度创新。

互联网法院，以网络平台设备为载体，利用网络进行诉讼、解决网上的矛盾纠纷，是互联网技术在司法实践中的深度运用，是探索互联网司法规则的先行者、试验田。

大数据时代充满无限生机。习近平总书记指出，要遵循司法规律，把深化司法体制改革和现代科技应用结合起来，不断完善和发展中国特色社会主义司法制度。

抓住新一轮科技革命的历史性机遇，构建人力和科技深度融合、体制机制改革和科技应用双轮驱动的司法运行新模式，正在创造司法公正和司法为民的"中国经验"。

党的十八大以来，全国各级司法机关坚持问题导向、勇于攻坚克难，锐意进取，破解难题，坚定不移深化司法体制改革，保障司法公正的制度得以完善，促进司法公正的机制得以健全，制约司法公正的因素逐步得以排除，司法公正越来越成为人民群众具体而又真实的感受。

2015年2月2日，习近平总书记在省部级主要领导干部专题研讨班开班式上发表重要讲话。

习近平总书记：

公平正义是我们党追求的一个非常崇高的价值，全心全意为人民服务的宗旨决定了我们必须追求公平正义，保护人民权益、伸张正义。全面依法治国，必须紧紧围绕保障和促进社会公平正义来进行。

中流击水，奋楫者进。在以习近平同志为核心的党中央坚强领导下，司法制度建设向着公正高效权威的目标扎实迈进，让公平正义的阳光普照，创造法治中国建设新的辉煌。

第六集 全民守法

第六集《全民守法》完整视频

"一切法律中最重要的法律,既不是刻在大理石上,也不是刻在铜表上,而是铭刻在公民的内心里。"法国思想家卢梭的这句警言,道出了"使法必行之法"在于人心这一道理。

法治的真谛,在于全体人民的真诚信仰和忠实践行。民众的法治信仰和法治观念,是依法治国的内在动力,更是法治中国的精神支撑。

在占世界人口近五分之一的中国,如何做到人人尊法、守法,这是世界法治史上独一无二的课题。

习近平总书记:

人民权益要靠法律保障,法律权威要靠人民维护。要充分调动人民群众投身依法治国实践的积极性和主动性,使全体人民都成为社会主义法治的忠实崇尚者、自觉遵守者、坚定捍卫者,使尊法、信法、守法、用法、护法成为全体人民的共同追求。

党的十八大以来,法治精神融进民族精神血脉,法治文化注入国家文化内核，法治社会建设不断推进，法治力量深入人心，全民守法正在成为现实。

河南内乡，中原腹地，一个有着2000多年历史沿革的县城，至今完整地保存着一座古代县级官署衙门。从清晨到黄昏，这座始建于元代的肃穆衙邸，历经700多年开合闭启，留下一副副警醒世人的楹联。

"吃百姓之饭，穿百姓之衣，莫道百姓可欺，自己也是百姓；得一官不荣，失一官不辱，勿说一官无用，地方全靠一官。"这副流传至今的对联，蕴含着官自民来、官为表率的朴素道理。

中国自古就有"身正为范"的传统。"其身正，不令而行"，官员对于社会风气的引领作用十分关键。在全面推进依法治国的今天，法律能不能得到遵守，法治能不能切实推进，广大人民群众首先把目光投向国家工作人员特别是各级领导干部。

推进全民守法，必须抓住领导干部这个"关键少数"。

习近平总书记：

各级领导干部在推进依法治国方面肩负着重要责任，全面依法治国必须抓住领导干部这个"关键少数"。

习近平总书记要求，各级领导干部要带头依法办事，带头遵守法律，始终对宪法法律怀有敬畏之心，牢固确立法律红线不能触碰、法律底线不能逾越的观念，不要去行使依法不该由自己行使的权力，更不能以言代法、以权压法、徇私枉法。

十二届全国人大法律委员会副主任委员　徐显明：

习总书记关于全面依法治国要抓住"关键少数"这一论断意义非常重大。尤其对法律的实施，实际上领导干部对法治的态度，影响和决定着社会大众对法治的态度。领导干部只有身先士卒，以身作则、以上率下，才能带动社会尊法和守法。

以习近平同志为核心的党中央在尊法学法、立规矩守规矩方面率先垂范。党的十八大以来，中共中央政治局三次集体学习聚焦法治主题，习近平总书记和其他中央领导同志率先严格执行八项规定。

党中央的行动就是最好的榜样，就是最强的动员令，有力地推动了各级领导干部尊法、学法、守法、用法。

2016年年底，一份由中共中央办公厅、国务院办公厅印发的重要文件，摆在中国各级党政主要负责人面前，让他们感觉到一种沉甸甸的责任。

根据这份《党政主要负责人履行推进法治建设第一责任人职责规定》要求，县级以上地方党委和政府主要负责人是推进法治建设第一责任人，并将履职情况纳入政绩考核指标体系，对不履行或不正确履行的严格问责。

此前，中组部、中宣部、司法部、人社部联合印发《关于完善国家工作人员学法用法制度的意见》，对国家工作人员学法用法作出具体规定。意见特别提出，把能不能遵守法律、依法办事作为考察干部的重要依据。

习近平总书记：

一个人纵然有天大的本事，如果没有很强的法治意识、不守规矩，也不能当领导干部，这个关首先要把住。

"法之不行，自上犯之。"如果领导干部不尊法守法，怎么让群众信仰法律？领导干部在遵守法律面前不仅没有例外，而且标准更高，要求更严。

行政诉讼，老百姓称之为"民告官"，是帮助公民维护自身权益、督促政府及官员依法行政的制度设计，是一个国家法治进步的"晴雨表"。

2014年11月，已颁布25年的行政诉讼法迎来了一次重大修改，正式确立了行政机关负责人出庭应诉制度。

就在2016年，贵州省副省长陈鸣明坐在了贵阳市中级人民法院行政二庭的被告席上，这也是中国省级政府负责人首次在行政诉讼中出庭应诉。

如今，老百姓打"民告官"的官司，都可在法庭上直面政府机关负责人，一直以来行政诉讼"告官不见官"的尴尬局面渐成过去。

最高人民法院副院长　江必新：

第一它可以彰显政府的法治形象，可以告诉公众政府是守法的，是接受司法的公正裁判的，是严格执行法律的规定的。第二它可以为人民群众树立一个榜样。

雄壮的国歌、神圣的国徽、庄严的誓词……隆重的宪法宣誓仪式，让每一位宣誓就职的领导干部终生难忘，激励着他们忠于宪法，忠于法治。

执政者践行法治，首先要增强宪法信仰，使宪法精神内化为执政者的施政准则，让依宪施政、依法施政，扎根于每一位执政者心中。

法律工作者是法治建设的中坚力量，对建设法治社会，推动全民守法起到主力军作用。

国家司法考试制度，以参考人数多、考试难度大、通过率低而被考生称为"天下第一考"，为国家法治建设选择和储备了一大批法律职业人才。

根据党的十八届四中全会决定，中共中央办公厅、国务院办公厅2015年12月印发《关于完善国家统一法律职业资格制度的意见》。按照意见，现行司法考试制度将调整为国家统一法律职业资格考试制度，除法官、检察官、律师、公证员之外，扩大了需要参加考试的法律职业范围。统一命题，统一标准，严格的考试，必将促使法律专业人员的职业素养得到有效提升。

国家机关不仅要执法、守法，还要肩负起全民普法的重任。这是推动全民守法的一项重要制度设计。

2017年5月，中共中央办公厅、国务院办公厅印发《关于实行国家机关"谁执法谁普法"普法责任制的意见》，国家机关首次被明确为法治宣传教育的责任主体。"谁执法谁普法"的普法"中国策"，体现了执政党的智慧。

一直以来让人们感到些许神秘的国家安全机关，也掀开面纱，按照"谁执法谁普法"的要求，加大了普及国家安全法律知识的力度。越来越多的群众则通过这种宣传，增强了国家安全法律意识。

国家安全部部长　陈文清：

党的十八大以来，以习近平同志为核心的党中央高度重视国家安全工作，加快了国家安全法治建设。国家安全机关坚决贯彻总体国家安全观，依法履行维护国家安全的职责，加强面向全社会的普法宣传，与广大人民群众共同筑牢反间防谍的"钢铁长城"。

2015年夏天，一个20多岁的年轻人王某主动向三亚市国家安全局举报了一些情况。他怀疑自己在不知不觉中被人"策反"，很可能被人利用已经成了"间谍"。

王某：

我看了大量的案例之后，发现我的行为可能已经危害到国家安全了，甚至已经做了违法的活动。当时了解了之后就很害怕、很恐惧。

王某说，在过去的两个多月里，他通过互联网招聘工作，接触到了一个叫"芯姐"的网友，自称在某军事杂志做学术研究。对方在一个军港附近给他租住了房屋，还给他提供了一份"环境走访类"的兼职，要他观察记录附近军港的船只考勤。

王某：

她会跟我提出一个叫做"黑货"的东西，问我有没有看到黑的东西？反正也就算是潜艇，可是她没有明说，她会掩饰地说。不会问我一些工程船、小船，她只会问这些大型船只，而且那都是军舰。

王某意识到了问题的严重性，更认识到了维护国家安全的法律责任，及时向国家安全机关主动说明情况。根据反间谍法规定，王某有自首表现，可以从轻、减轻或者免予处罚。对法律的知晓，让王某悬崖勒马。

司法部部长　张军：

这样一个重要的普法责任制，让每一个法官、检察官、行政执法人员，在执法过程中，在法治实践中，完成了一个普法的职责。对当事人普法，对特定人普法，对社会关注的人群普法，同时也深化了对自己执行的法律和相关政策的理解。

全民守法，需要有遇事找法、办事循法的制度安排。

千百年来，不少中国人心中有一个挥之不去的"青天情结"。也正是这种情结，让有些百姓信"访"不信"法"，遇事不是寻求法律的帮助，而是上访、找政府、找领导。

2013年以来，党中央大力推行涉法涉诉信访工作改革，中共中央办公厅、国务院办公厅印发了《关于依法处理涉法涉诉信访问题的意见》。按照意见，实行了诉讼与信访分离制度，把涉法涉诉信访从普通信访事项中分离出去，导入司法渠道，由司法机关按照法律程序处理。

法律，给了人们维护权利、解决问题、表达诉求的有效制度路径。统计表明，涉法涉诉类问题在党政信访部门接访总量中的比例明显下降，而司法机关的接访量明显上升。越来越多的信访群众选择司法渠道反映和解决问题。

由信"访"不信"法",到遇事找法,这是一个令人欣慰的转变,是全民守法不断深入的社会信号。

全民守法,百姓还需要便捷的法律服务路径。

1992年,电影《秋菊打官司》轰动一时。那个为了"讨个说法"而挺着大肚子一次次上告的农妇,从一个侧面也反映了那个年代公共法律服务体系的不完善,老百姓想寻求法律帮助并非易事。

现实中,我国法律资源分布不均衡的情况仍旧存在,律师、公证、司法鉴定等法律服务集中在经济发达地区特别是大中城市,而广大基层群众则面临着找律师难、做公证难、做司法鉴定难等困境。

党的十八届四中全会作出部署,推进覆盖城乡居民的公共法律服务体系建设。司法部印发了《关于推进公共法律服务体系建设的意见》,就整合公共法律服务资源、建立遍布城乡的公共法律服务网络作出安排。把公共法律服务定位为公共产品,这是对法律服务在认识上的一次提升。

消除无律师县,建立集律师、公证、司法鉴定、人民调解等功能于一体的公共法律服务大厅;推广一村一社区一法律顾问制度;实行公证处巡回办证、蹲点办证;完善"12348"免费法律咨询服务热线……党的十八大以来,公共法律服务供给不足的短板正在逐渐补齐,普通老百姓在家门口就能获得所需要的法律帮助。

全民守法,离不开诚实守信的社会环境。

"80后"安徽临泉青年牛志伟,被人称为"信义哥"。还在读大学时,父亲遇车祸离世,给家人留下了40余万元巨债,事后牛志伟贴出认债告示,承诺一定还清父亲所欠债务。

2016年春节前几天,他回到皖北老家,还掉了父亲生前欠下的最后一部分债务。

牛志伟:

别人能借钱给我爸,是对我爸的信任,我不能辜负别人的信任。

"信义哥"遵守的不仅是履信践诺的中国道德约束,更是最基本的契约精神。一个个"信义哥",象征的是普通中国百姓心中不断生长的法治精神。

"信义哥"的故事让人感佩。然而,社会成员不守诚信等违背法治精神的现象仍不鲜见。只有奖罚分明、形成机制,才能树好导向、形成约束,让诚实守信蔚然成风,让失信悖德寸步难行。

党的十八届四中全会提出了加强社会诚信建设的任务。2016年,国务院印发《关于建立完善守信联合激励和失信联合惩戒制度加快推进社会诚信建设的指导意见》,为褒扬和激励诚信、约束和惩戒失信提供了重要的制度保障。

企业连续三年无不良信用记录,工商部门为其办理行政许可开通"绿色通道";市场主体依法纳税、守信还贷,银行给予信贷优惠和支持;电商诚信经营,互联网商业平台为其加注"诚信会员"标识。诚信守法的社会主体不仅收获赞誉,还能赢得实惠和便利。

与此同时，有关部门和行业将那些有偷税漏税、违反合同、拖欠债务等严重失信行为的企业和个人纳入"黑名单"，在信用评级、企业投资、银行贷款、个人信用消费等方面出"黄牌"、亮"红灯"，人民法院对失信被执行人限制高消费等，让当事人一处失信，处处受限。

全民守法，最终要靠激发全体人民的法治热情。

亚里士多德说过，虽有良法，要是人民不能全都遵守，仍不能实现法治。

人民是法治建设的主体，是法治国家的主人。只有人人参与的法治，才具有坚实的社会基础。

普法栏目剧《选举风波》，讲述了山西翼城一个村委会换届选举拉票贿选的故事，根据真实的案例改编，针对当前一些社会现象，以案释法，让群众知道怎么遵纪守法。

从2006年开播至今，翼城县普法栏目剧历经12年经久不衰，共制作500多期法治短剧，6200多名干部群众参演。

参演群众：

给老百姓传授法律教育，让老百姓懂法守法不能乱来，不能违反社会治安。

如今的翼城县，各种刑事、治安、民事纠纷案发率大大下降。

翼城是中国普法的一个缩影。在世界上人口最多的国家，不断创新形式，坚持不懈推进全民普法工作，是中国党和政府的伟大创举。从1986年至今，中国已经实施了6个全民普法五年规划。今年，已进入"七五"普法的第二个年头。

70多岁的潘恒球一年有200多天奔波在外。潘老年轻时靠着"淮书说唱"谋生，曾是淮扬一带响当当的说书先生。38岁那年，他在说书转场途中偶遇警察押送未成年犯罪嫌疑人，深受震撼，从此矢志走上普法路。

潘恒球：

老师教育我们要勇敢地和坏人坏事作斗争，老师又说我们力量小、力量薄，斗不过歹徒怎么办？那么我们急中生智想办法脱离现场逃跑，到派出所报告抓坏蛋！

30年来，潘恒球自编自演，进行了8000多场义务普法宣传，受教育学生达30万人次。

北京市朝阳区呼家楼中心小学教师　贾丽芳：

同学们，我们上学或者放学，再或者和爸爸妈妈一起出去的时候，我们最需要注意的是什么？

同学：交通安全！

老师：今天这节课……

坚持普法"从娃娃抓起"，是中国普法的另一大特色。自"三五"普法以来，全国大、中、小学全都开设了法治教育课程，联通学校、家庭、社会"三位一体"的法治教育网络正在不断完善。

从学龄儿童，到耄耋老人；从"法律进寺庙"，到多地积极探索的农村普法新模式；从"法治宣传教育责任清单""普法通知书"制度,到各地正在积极推广的法官、检察官、行政执法人员、律师等"以案释法"活动;从普法进机关、进乡村、进社区、进学校、进企业、进单位,到网站、微博、微信、微视频、客户端等网络新渠道开展普法活动,一个全社会大普法的格局正在形成。

学生A:小学生不能经常玩游戏,不满18岁不能进入网吧。

学生B:去外国旅游回中国,不能把外国水果带回中国。

学生C:过马路的时候要走人行横道,看到红灯要停下来,看到绿灯才能过马路。

学生D:我知道未满12岁的孩子不能骑共享单车。

这是全民守法的生动特写,这是法治社会的美好画卷。当法律得到人民内心的认同、信任和尊崇,全民守法、遇事找法、办事循法的良好愿景就此变为现实。

中国的法治实践验证着这样一个道理:只有将法治观念植根于民心,人人尊法、知法、守法、用法,法治中国才会形神兼具,行稳致远。

法治建设的目标是为了人,法治建设必须靠人。正如习近平总书记所指出的,法治人才培养上不去,法治领域不能人才辈出,全面依法治国就不可能做好。

初夏的中国政法大学,绿树成荫。这所大学是中国法治教育的摇篮。2017年5月3日,习近平总书记在中国政法大学考察,来到师生们中间。

在与中国政法大学师生和首都法学专家、法治工作者代表、高校负责同志座谈时，习近平总书记对青年学子的发言耐心倾听，频频点头。他向同学们投来的期许目光，让大家感到无比亲切。

中国政法大学学生　潘辉：

在那一刻，他所投向我的那种慈祥和肯定的目光，给了我很大的激励。这种激励是能够延续到我未来学习和生活当中的。

对于女生魏若竹来说，座谈会上的一个细节，让她感觉到了一种责任感和使命感。

中国政法大学学生　魏若竹：

总书记走到我们这边的时候，他说你们将来都是女法官、女律师。听到这句话的时候感觉是非常振奋的。当总书记亲口对我们说出这句话的时候，真的觉得自己肩上的担子很重。

习近平总书记：

希望你们能够珍惜现在的学习时间，开足马力，好好地学习，我对你们，充满了期待！

而对于来自新疆的维吾尔族青年也尔帕来说，他的人生轨迹则将因这场特殊的座谈而发生改变。也尔帕原打算要去沿海城市工作，总书记的几句话让他的想法发生了改变。

中国政法大学学生　也尔帕：

习总书记来了以后，鼓励年轻人去磨炼，这点让我特别高兴，因为我的行动和他说的基本上也一致了。

习近平总书记对同学们殷殷寄语，毕业后为祖国和人民施展自己的才华，实现自己的人生价值。也尔帕受到极大的鼓舞，他决定回到家乡，用自己学到的法律知识，为家乡的法治建设服务。

习近平总书记：

我国广大青年的精神风貌向世人表明，我们党、我们国家、我们人民、我们民族是大有希望的！

这个夏天，中国的年轻人相信，法治中国的大厦将在他们这一代人手中变得更加坚固、辉煌。因为在当今中国，法律的精神已浸润神州大地，法治的信仰已铭刻在亿万人民的心田。

人民信仰法律，是因为正义能够被伸张，善良能够被弘扬，百姓的生活能够在法律的保障下更加幸福安康。

法官王亚琴继续奔忙在司法一线为公平正义殚精竭虑；

王伟骏的公司在法治的保障下逐步走上正轨；

公正的判决让徐玉玉的家人坚定了对法治的信心；

孙雪梅夫妇享受着两个女儿带来的忙碌和快乐；

法律保障让徐信和志愿者们守护千年古城更加有底气；

70多岁的潘恒球还在为宣传法律发挥光和热；

中国政法大学的也尔帕也已经回到了家乡，为建设中国法治大厦贡献力量。

今天的中国，每一个公民都是法治中国的亲历者、推动者和受益者！

2017年7月26日，习近平总书记在省部级主要领导干部专题研讨班开班式上发表重要讲话，深刻指出，党的十八大以来的5年，是党和国家发展进程中很不平凡的5年。5年来，党中央科学把握当今世界和当代中国的发展大势，顺应实践要求和人民愿望，推出一系列重大战略举措，出台一系列重大方针政策，推进一系列重大工作，解决了许多长期想解决而没有解决的难题，办成了许多过去想办而没有办成的大事。

日月经天，江河行地。时光在日晷的刻度中，如流水般飞逝，不舍昼夜。掌舵中华民族航船的中国共产党，正在建设法治中国的道路上劈波斩浪。

沧海横流，首在掌舵；长风万里，破浪前行。世界东方，奋进中的法治中国，正不断汇聚起磅礴澎湃的伟力。这伟力，来自以习近平同志为核心的党中央高瞻远瞩、明辨大势的战略胸怀，来自中国共产党人勇立潮头的历史担当。

站在新的历史起点，我们党把保证人民权利作为法治建设的不泯初心——日益完善的法律体系，织就公民权利保障的严密法网；德法交融的法治信仰，打造安居乐业的社会风尚。"一切为了人民"的执政理念融入法治建设的全程，"人民"二字，已深深铭刻在全面依法治国历史的丰碑上。

站在新的历史起点，我们党把公平正义作为法治建设矢志不渝的方向——以良法促善治，为社会公平正义筑牢根基；通过全面深化改革，破除了阻碍公平正义的藩篱；大力推进法治文化建设，为实现公平正义培植了深厚的土壤。"公生明、廉生威"，法律面前人人平等，让广大人民真切感受到法治的暖人阳光。

站在新的历史起点，我们党把权力装入法治的"笼子"——

职能科学、权责法定，权力与市场的边界逐渐厘清，社会经济发展活力进一步释放；执法严明、公开公正，建设法治政府，依靠法律利剑，维护百姓幸福安康。

大道之行，天下为公；良法善治，民之所向。法治，中华民族发展进步的艰辛探索；法治，党和国家长治久安的必由之路。

在中国这样一个超大规模的文明古国，中国共产党领导的法治建设，是国家治理领域前所未有的深刻变革——确立建设中国特色社会主义法治体系、建设社会主义法治国家的总目标，将全面依法治国作为"四个全面"战略布局不可或缺的重要组成部分。以习近平同志为核心的党中央，深刻回答了在当今中国建设一个什么样的法治国家、怎样建设社会主义法治国家等一系列重大理论和实践问题，标志着中国共产党对执政规律、社会主义建设规律、人类政治文明发展规律的认识达到新境界。

改革发展稳定，内政外交国防，治党治国治军，都以法治为框架、由法治来贯彻、用法治作保障，有力推进了国家治理体系和治理能力现代化，显著增强了我们党运用法律手段领导和治理国家的能力，标志着我们党治国理政顶层设计达到新高度。

"法治"二字深深扎根在人民心中，全社会自觉尊法、学法、守法、用法的法治氛围日渐浓厚。法治权威成为人民的内心拥护和真诚信仰，为法治中国提供了最坚强支撑，为社会繁荣发展、国家长治久安开创了新局面。

我们党用实际行动向世人昭示：走中国特色社会主义法治道路的决心，坚如磐石、不可动摇！

世界潮流，浩浩汤汤；古今兴替，治乱存亡。法治，是人类现代文明的成果，是现代社会治理经验的结晶。

在中国这样一个超大规模的发展中国家建设社会主义法治，是人类文明史上当之无愧的壮举。

法治中国建设，我们根植于中国传统的土壤，具有鲜明的中国特色；我们借鉴世界文明的智慧，具备兼容并蓄的胸怀；我们总结既往经验，探索现代国家的治理思路；我们立足现实国情，开创引领时代发展的法治道路。法治中国建设，不但是中国发展进程中一座光辉的里程碑，也必将为人类法治文明发展提供中国经验，贡献中国力量！

法治中国！

关山飞度，风雨兼程。我们党正在从事的事业，是定将彪炳史册的壮丽事业；我们党正在行进的征程，是必定实现民族复兴的伟大征程。

习近平总书记：

我们提出全面推进依法治国，坚定不移厉行法治，一个重要意图就是为子孙万代计、为长远发展谋。

我们已经站在新的起点。全面推进依法治国，是一项长期而艰巨的战略任务，是一场深刻而重大的社会变革。这辉煌前景，这神圣使命，已经点燃了亿万人民的法治热情。

展望未来，中国人民在以习近平同志为核心的党中央坚强领导下，将不断谱写建设社会主义法治国家的崭新篇章。一个经济发展、政治清明、文化昌盛、社会公正、生态良好的法治中国，将昂首走向胜利，走向未来！

本片由中共中央宣传部、中央电视台联合制作。

本书视频索引

第一集《奉法者强》完整视频..................................001

第二集《大智立法》完整视频..................................021

第三集《依法行政》完整视频..................................041

第四集《公正司法（上）》完整视频..........................061

第五集《公正司法（下）》完整视频..........................083

第六集《全民守法》完整视频 105